일어나서 잘 때까지

생활 속의 영단어

일어나서 잘 때까지
생활 속의 영단어

초판 펴낸날 2023년 5월 30일
초판 2쇄 펴낸날 2024년 8월 10일
지은이 정희경
펴낸이 배태수 ___ 펴낸곳 신라출판사
등록 1975년 5월 23일
전화 032)341-1289 ___ 팩스 02)6935-1285
주소 경기도 부천시 소사구 범안로 95번길 32

ISBN 978-89-7244-157-1 13740

일어나서 잘 때까지

생활 속의 영단어

정희경 지음

신라출판사

오늘날 우리들은 세계화 속에서 살고 있으며, 영어는 일상생활에서 반드시 필요한 언어가 되었다. 우리들이 외국 여행을 할 때 뿐만 아니라 각 나라에서 국내로 들어오는 여행객들의 숫자 또한 예전과는 비교할 수 없을 정도로 많아졌다. 또한 업무처리의 의사소통 수단으로 영어를 쓰고 있으며, 거리마다 넘쳐나는 유학생, 관광객 등을 자주 만나게 된다.

이 책은 이러한 현실을 반영해 하루 일과 속에서 우리가 꼭 필요한 영단어를 외국인들과 자연스럽게 말할 수 있도록, 아침부터 밤까지 하루 동안에 이루어지는 모든 일상생활에 필요한 단어를 찾아볼 수 있도록 엮은 교재다. 삽화를 중심으로 상황을 연상하기 쉽게 정리되어 있으므로 자신의 주변에 있는 것이나 재미있다고 생각나는 것부터 익히면 된다.

Part 1 아침편에서는 하루를 시작하며 준비하는 언어들, Part 2 업무편에서는 교통수단 및 직장에서 사용하는 언어들, Part 3 일상생활편에서는 여행, 스포츠, 민원업무 등에 관한 언어들, Part 4 밤편에서는 하루를 정리하는 말들, 약속 모임이 있는 음식점, 호텔에서 사용하는 언어들로 구성하여 그 속에서 일어나는 일과 연결된 영단어들을 즉석에서 표현할 수 있도록 하였다.

또한 각 장의 테마별 단락에서는 그림으로 표현한 후, 영어와 한글로 발음을 함께 표기해 놓았기 때문에 원하는 내용을 누구나 쉽게 찾아볼 수 있도록 하였다.

단어만 알고 있다고 어떤 것이나 의미가 통한다는 뜻은 아니지만 영어란 단어와 단어의 연결이므로 필요한 단어를 모르면 어찌할 도리가 없다. 학창시절부터 영어공부를 해왔지만 대부분의 사람들은 의외로 일상생활에 관한 단어를 모르는 경우가 많다. 지금 여러분 주위에 있는 일상 생활용품 등을 영어로 말할 수 있는지 확인해 보기 바란다. 일상적인 단어는 당연히 기본적인 것이기에 취급되지 않았거나 취급되었다 해도 막상 잊어버리기 쉽다.

아무쪼록 이 책을 통해서 외국인과의 일상대화에 조금이나마 보탬이 되기를 바란다.

엮은이

목 차

PART 1.

아침

(Morning)

chapter 1

가정(Home)

1 침실(Bedroom)

□ **lamp** [læmp]
램프 n. 등, 램프

□ **table lamp**
[téib-əl læmp]
테이블램프 n. 전기스탠드

□ **lamp shade** [læmp ʃeid]
램프셰이드 n. 전등갓

□ **alarm clock**
[əlá:rm klɑk]
얼람클럭 n. 알람시계

□ **bed** [bed] 베드 n. 침대

□ **single bed** [síŋg-əl bed]
싱글베드 n. 1인용 침대

□ **double bed** [dʌ́bəl bed]
더블베드 n. 2인용 침대

□ **bunk bed** [bʌŋk bed]
벙크베드 n. 2층 침대

□ **night stand** [nait stænd]
나이트스탠드 n. 침대옆 탁자

□ **blanket** [blǽŋkit]
블랭킷 n. 담요

□ **electric blanket**
[iléktric blǽŋkit]
일렉트릭블랭킷 n. 전기담요

□ **comforter** [kʌ́mfərtər]
컴퍼터 n. (두꺼운) 이불

□ **night gown** [nait gaun]
나이트가운 n. 잠옷

□ **pajamas** [pədʒɑ́:məz]
퍼자머즈 n. 파자마(잠옷)

□ **pillow** [pílou]
필로우 n. 베개

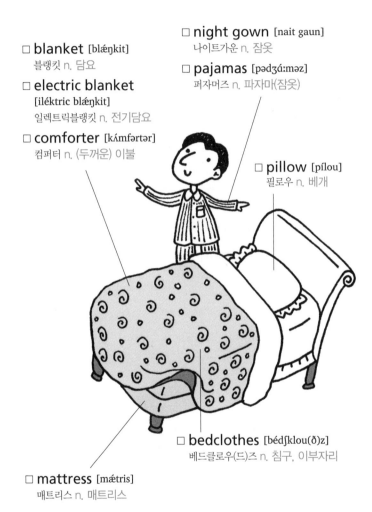

□ **bedclothes** [bédʃklou(ð)z]
베드클로우(드)즈 n. 침구, 이부자리

□ **mattress** [mǽtris]
매트리스 n. 매트리스

11

〈관련어〉

□ **dawn** [dɔːn] 돈 n. 새벽

□ **morning** [mɔ́ːrniŋ] 모닝 n. 아침, 오전

□ **afternoon** [æ̀ftərnúːn] 애프터눈 n. 오후

□ **evening** [íːvniŋ] 이브닝 n. 저녁

□ **night** [nait] 나이트 n. 밤

□ **midnight** [mídnàit] 미드나이트 n. 한밤중

□ **last night** [læst nait] 래스트나이트 n. 엊저녁, 지난밤

□ **today** [tədéi] 터데이 n. 오늘

□ **tonight** [tənáit] 터나이트 n. 오늘밤

□ **yesterday** [jéstə:rdèi] 예스터데이 n. 어제

□ **the day before yesterday** [ðə dei bifɔ́:r jéstə:rdèi]
더데이비포예스터데이 n. 그제

□ **tomorrow** [təmɔ́:rou] 터모로우 n. 내일

□ **the day after tomorrow** [ðə dei ǽftər təmɔ́:rou]
더데이애프터터모로우 n. 모레

□ **day** [dei] 데이 n. 낮, 하루

□ **every day** [évri:dèi] 에브리데이 n. 일상적인, 매일의

□ **date** [deit] 데이트 n. 날짜

□ **sunrise** [sʌ́nràiz] 썬라이즈 n. 해돋이, 일출

□ **sunset** [sʌ́nsèt] 썬셋 n. 해넘이, 일몰

13

2 거실 및 집안 가구(Living room & Furniture)

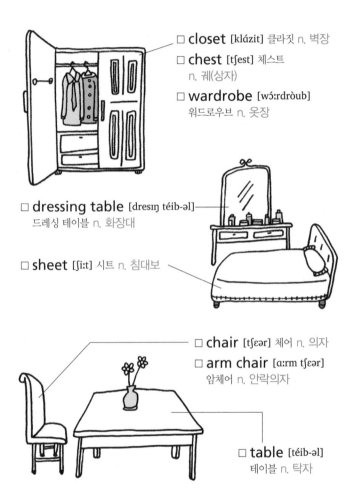

☐ **closet** [klázit] 클라짓 n. 벽장

☐ **chest** [tʃest] 체스트
n. 궤(상자)

☐ **wardrobe** [wɔ́ːrdròub]
워드로우브 n. 옷장

☐ **dressing table** [dresíŋ téib-əl]
드레싱 테이블 n. 화장대

☐ **sheet** [ʃiːt] 시트 n. 침대보

☐ **chair** [tʃɛər] 체어 n. 의자

☐ **arm chair** [ɑːrm tʃɛər]
암체어 n. 안락의자

☐ **table** [téib-əl]
테이블 n. 탁자

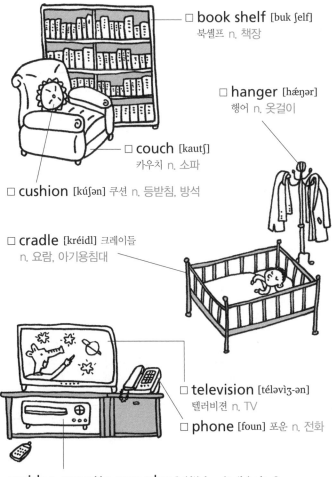

□ **book shelf** [buk ʃelf]
북셸프 n. 책장

□ **hanger** [hǽŋər]
행어 n. 옷걸이

□ **couch** [kautʃ]
카우치 n. 소파

□ **cushion** [kúʃən] 쿠션 n. 등받침, 방석

□ **cradle** [kréidl] 크레이들
n. 요람, 아기용침대

□ **television** [téləvìʒ-ən]
텔러비젼 n. TV

□ **phone** [foun] 포운 n. 전화

□ **video cassette recorder** [vídiò kæsét rikɔ́:rdə:r]
비디오캐셋리코더 n. 비디오 카세트 녹화기

15

□ **ceiling** [síːliŋ] 씰링 n. 천장

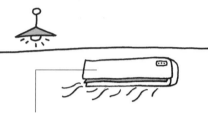

□ **air conditioner**[ɛər kəndíʃənər]
에어컨디셔너 n. 에어콘

□ **vacuum cleaner**
[vǽkjuəm klíːnər]
배큠클리너 n. 진공청소기

□ **humidifier** [hjuːmídəfàiər]
휴미더파이어 n. 가습기

□ **radio** [réidiòu]
레이디오우 n. 라디오

□ **outlet** [áutlet] 아웃레트
n. (전기)콘센트

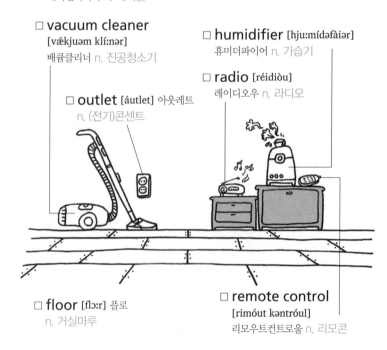

□ **floor** [flɔːr] 플로
n. 거실마루

□ **remote control**
[rimóut kəntróul]
리모우트컨트로울 n. 리모콘

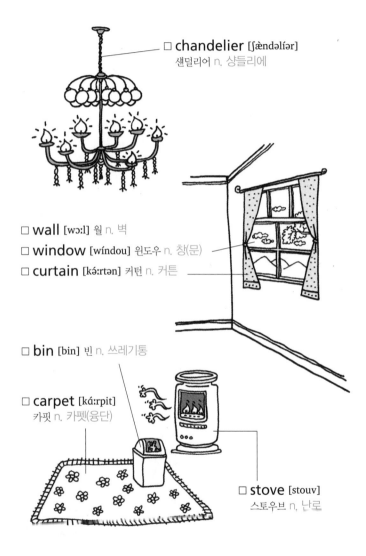

□ **chandelier** [ʃӕndəlíər]
샌덜리어 n. 샹들리에

□ **wall** [wɔːl] 월 n. 벽

□ **window** [wíndou] 윈도우 n. 창(문)

□ **curtain** [kə́ːrtən] 커턴 n. 커튼

□ **bin** [bin] 빈 n. 쓰레기통

□ **carpet** [ká:rpit]
카핏 n. 카펫(융단)

□ **stove** [stouv]
스토우브 n. 난로

〈관련어〉

□ **drawer** [drɔ́:ər] 드로어 n. 서랍

□ **drawers** [drɔːrz] 드로즈 n. 서랍장

□ **dustpan** [dʌ́stpæ̀n] 더스트팬 n. 쓰레받기

□ **housecleaning** [hauśklì:niŋ] 하우스클리닝 n. 집안 청소

□ **chore** [tʃɔːr] 초 n. 집안일

□ **ornament** [ɔ́:rnəmənt] 오너먼트 n. 꾸밈, 장식

□ **abode** [əbóud] 어보우드 n. 거주지, 집

□ **parlor** [pá:rlər] 파러 n. 객실, 응접실

□ **doorbell** [dɔ́:rbèl] 도벨 n. 현관의 벨

☐ **corridor** [kɔ́:ridər] 코리더 n. 복도

☐ **stair** [stɛəːr] 스테어 n. 계단

☐ **attic** [ǽtik] 애틱 n. 다락(방)

☐ **fireplace** [fáiərplèis] 파이어플레이스 n. 벽난로,

☐ **study** [stʌ́di] 스터디 n. 서재

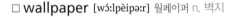

☐ **wallpaper** [wɔ́:lpèipəːr] 월페이퍼 n. 벽지

☐ **glass door** [glæs dɔ:r] 글래스도 n. 유리문

☐ **picture frame** [píktʃər freim] 픽춰프레임 n. 액자

☐ **built-in wardrobe** [bilt in wɔ́:rdròub]
빌트인워드로우브 n. 붙박이장

③ 욕실(Bathroom)

□ **toilet** [tɔ́ilit] 토일릿 n. 화장실
□ **mirror** [mírər] 미러 n. 거울

□ **towel** [táu-əl] 타월 n. 수건
□ **hair dryer** [hɛər dráiər]
헤어드라이어 n. 드라이기

□ **toilet paper**
[tɔ́ilit péipər]
토일릿페이퍼 n. 화장지

□ **faucet** [fɔ́:sit]
포씨트 n. 수도꼭지

□ **sink** [siŋk] 씽크
n. (부엌의) 싱크대

□ **basin** [béisən] 베이썬
n. 대야, 세면기

□ **toilet seat** [tɔ́ilit si:t]
토일릿씨트 n. 좌변기

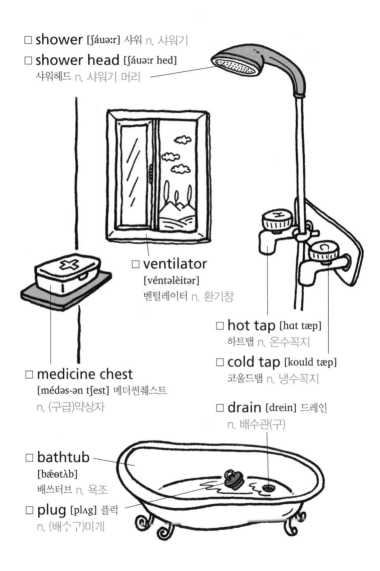

□ **shower** [ʃáuər] 샤워 n. 샤워기

□ **shower head** [ʃáuər hed]
샤워헤드 n. 샤워기 머리

□ **ventilator**
[véntəlèitər]
벤털레이터 n. 환기창

□ **hot tap** [hɑt tæp]
하트탭 n. 온수꼭지

□ **cold tap** [kould tæp]
코울드탭 n. 냉수꼭지

□ **medicine chest**
[médəs-ən tʃest] 메더썬췌스트
n. (구급)약상자

□ **drain** [drein] 드레인
n. 배수관(구)

□ **bathtub**
[bǽθtʌb]
배쓰터브 n. 욕조

□ **plug** [plʌg] 플럭
n. (배수구)미개

□ **shampoo** [ʃæmpúː] 섐푸 n. 샴푸

□ **soap** [soup] 쏘웁 n. 비누

□ **towel rack** [táu-əl ræk] 타월랙 n. 수건걸이

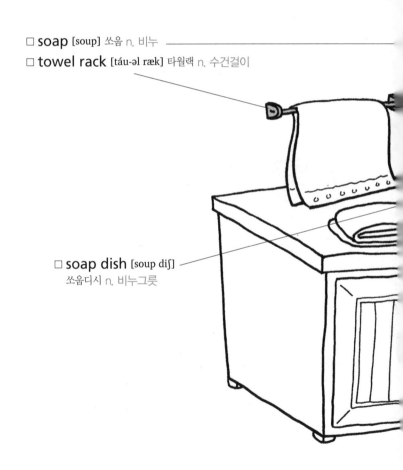

□ **soap dish** [soup diʃ] 쏘웁디시 n. 비누그릇

□ **tooth brush** [tuːθ brʌʃ] 투스브러시 n. 칫솔

□ **tooth paste** [tuːθ peist] 투스페이스트 n. 치약

□ **tooth brush holder**
[tuːθ brʌʃ hóuldər] 투쓰브러시호울더 n. 칫솔꽂이

〈관련어〉

□ **bubble bath** [bʌ́bəl bæθ] 버블배쓰
　 n. 거품목욕

□ **cold bath** [kould bæθ] 코올드배쓰 n. 냉수욕

□ **hot bath** [hɑt bæθ] 핫배쓰 n. 온수욕

□ **succession bath** [səkséʃən bæθ]
　 썩세션배쓰 n. 냉,온 교대목욕

□ **seawater baths** [siːwɔ́ːtər bæðz] 씨워터밴즈 n. 해수욕

□ **room and bath** [ruːm ænd bæθ] 룸앤드배쓰 n. 욕실달린 방

□ **private bath** [práivit bæθ] 프라이빗배쓰 n. 개인용 욕실

□ **public bath** [pʌ́blik bæθ] 퍼블릭배쓰 n. 공중 목욕탕

□ **toiletry** [tɔ́ilitri] 토일리트리 n. 화장품(류)

□ **laundry** [lɔ́:ndri] 론드리 n. 세탁물

□ **detergent** [ditə́:rdʒənt] 디터전트 n. 세제

□ **hair conditioner** [hɛər kəndíʃənər]
헤어컨디셔너 n. 헤어컨디셔너

□ **hair treatment** [hɛər trí:tmənt]
헤어트리트먼트 n. 헤어트리트먼트

□ **body shampoo** [bádi ʃæmpú:] 바디샘푸 n. 바디샴푸

□ **dry shampoo** [drai ʃæmpú:] 드라이샴푸 n. 물을 쓰지 않는 세발(제)

□ **cleansing cream** [klénziŋ kri:m] 클렌징크림 n. 세안크림

□ **cleansing lotion** [klénziŋ lóuʃən]
클렌징로우션 n. 세안 화장수

□ **cleansing oil** [klénziŋ ɔil] 클렌징오일 n. 세안유

□ **cleansingtissue** [klénziŋtíʃu:] 클렌징티슈 n. 화장지

④ 생활 필수품(Nesessaries of Life)

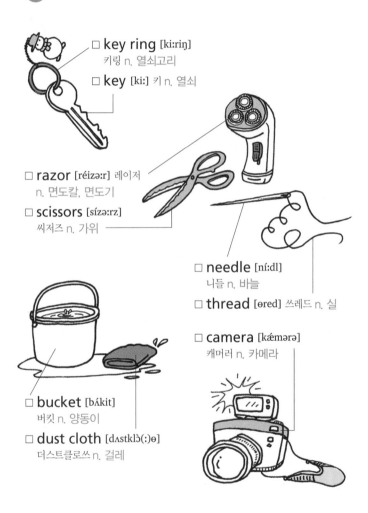

☐ **key ring** [ki:riŋ]
키링 n. 열쇠고리

☐ **key** [ki:] 키 n. 열쇠

☐ **razor** [réizə:r] 레이저
n. 면도칼, 면도기

☐ **scissors** [sízə:rz]
씨저즈 n. 가위

☐ **needle** [ní:dl]
니들 n. 바늘

☐ **thread** [θred] 쓰레드 n. 실

☐ **camera** [kǽmərə]
캐머러 n. 카메라

☐ **bucket** [bʌ́kit]
버킷 n. 양동이

☐ **dust cloth** [dʌstklɔ̀(:)θ]
더스트클로쓰 n. 걸레

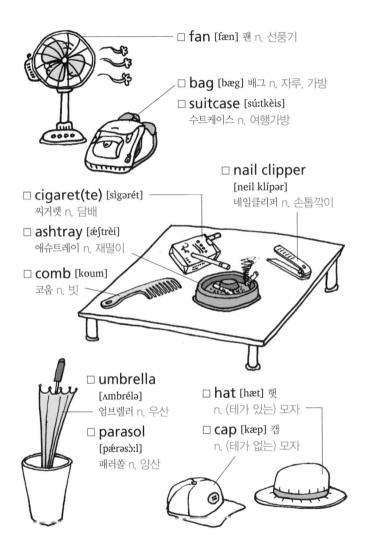

□ fan [fæn] 팬 n. 선풍기

□ bag [bæg] 배그 n. 자루, 가방

□ suitcase [súːtkèis]
수트케이스 n. 여행가방

□ nail clipper
[neil klípər]
네일클리퍼 n. 손톱깍이

□ cigaret(te) [sìgərét]
씨거렛 n. 담배

□ ashtray [ǽʃtrèi]
애슈트레이 n. 재떨이

□ comb [koum]
코움 n. 빗

□ umbrella
[ʌmbrélə]
엄브렐러 n. 우산

□ parasol
[pǽrəsɔ̀ːl]
패러쏠 n. 양산

□ hat [hæt] 햇
n. (테가 있는) 모자

□ cap [kæp] 캡
n. (테가 없는) 모자

〈관련어〉

□ **ladder** [lǽdə:r] 래더 n. 사닥다리

□ **utensil** [ju:ténsəl] 유텐썰 n. 부엌세간, 가정용품

□ **closet** [klázit] 클라짓 n. 벽장

□ **broom** [bru(:)m] 브룸 n. 비(빗자루)

□ **match** [mætʃ] 매취 n. 성냥

□ **lighter** [láitə:r] 라이터 n. 라이터

□ **hammer** [hǽmər] 해머 n. (쇠)망치

□ **screw** [skru:] 스크루 n. 나사, 나사못

□ **wood screw** [wud skru:] 우드스크루 n. 나무나사

□ **candle** [kǽndl] 캔들 n. (양)초

□ **flash light** [flǽʃlait] 플래쉬라이트 n. 손전등

□ **battery** [bǽtəri] 배터리 n. 건전지

□ **recycling** [riːsáik-əling] 리싸이컬링 n. 재활용

□ **sewing thread** [sóuiŋ ɵred] 쏘우잉쓰레드 n. 바느질실

□ **sewing machine** [sóuiŋ məʃíːn] 쏘우잉머쉰 n. 재봉틀

□ **iron** [áiərn] 아이언 n. 다리미

□ **dryer** [dráiər] 드라이어 n. 건조기

□ **air cleaner** [ɛər klíːnər] 에어클리너 n. 공기 정화기

□ **heating apparatus** [híːtiŋ æpəréitəs]
히팅애퍼레이터스 n. 난방장치

□ **appliance** [əpláiəns] 어플라이언스 n. 전기기구

⑤ 화장품(Cosmetic)

□ **powder** [páudər]
파우더 n. 가루분

□ **mousse** [mu:s]
무쓰 n. 무스(크림)

□ **tonic lotion** [tánik lóuʃən]
토닉로우션 n. 스킨로션

□ **toner** [tóunəːr] 토우너 n. 로션

□ **foundation**
[faundéiʃ-ən]
파운데이션 n. 파운데이션

□ **facial cream** [féiʃəl kri:m]
페이셜크림 n. 화장크림

□ **nail polish** [neil páliʃ]
네일팔리시 n. 매니큐어

□ **perfume** [pə́ːrfjuːm]
퍼퓸 n. 향수

□ **mascara** [mæskǽrə]
매쓰캐러 n. 마스카라

□ **false eyelash** [fɔːls aílæʃ]
폴쓰아이래시 n. 인조속눈썹

□ **hair spray** [hɛər sprei]
헤어스프레이 n. 헤어스프레이

□ **blusher** [blʌʃəːr]
블러셔 n. 볼연지

□ **make-up** [méikʌp]
메이컵 n. 화장, 화장품

□ **lipstick** [lípstìk]
립스틱 n. 입술연지

〈관련어〉

☐ **fragrance** [fréigrəns] 프레이그런스 n. 향기

☐ **eye shadow** [ai ʃǽdou] 아이새도우 n. 아이새도우

☐ **massage** [məsá:ʒ] 머사쥐 n. 안마

☐ **massage cream** [məsá:ʒ kri:m] 머사쥐크림 n. 마사지크림

☐ **lip cream** [lip kri:m] 립크림 n. 입술크림

☐ **skin care** [skin kɛər] 스킨케어 n. 피부관리

☐ **pedicure** [pédikjùər] 페디큐어 n. 발톱가꾸기

☐ **manicure** [mǽnəkjùər] 매너큐어 n. 손톱손질, 매니큐어

☐ **hair designer** [hɛər dizáinər] 헤어디자이너 n. 미용사

□ **pack** [pæk] 팩 n. 팩(용 화장품), 묶음

□ **cold pack** [kould pæk] 코울드팩 n. 냉습포

□ **hot pack** [hɑt pæk] 핫팩 n. 온습포

□ **pack equipment** [pæk ikwípmənt] 팩이큅먼트 n. 포장용구

□ **permanent wave** [pə́:rmənənt weiv] 퍼머넌트웨이브 n. 파마

□ **beauty shop** [bjú:ti ʃɑ̀p] 뷰티샵 n. 미장원

□ **beauty salon** [bjú:ti səlán] 뷰티썰란 n. 미용실

□ **barber shop** [bá:rbər ʃɑp] 바버샵 n. 이발소

□ **nail shop** [neil ʃɑp] 네일샵 n. 손톱손질하는 곳

⑥ 부엌(Kitchen)

□ **dining room** [dáiniŋ rum]
　다이닝룸 n. 식당

□ **tray** [trei] 트레이 n. 쟁반

□ **apron** [éiprən] 에이프런 n. 앞치마

□ **fork** [fɔːrk] 포크 n. 포크

□ **spoon** [spuːn]
　스푼 n. 숟가락

□ **table cloth** [téib-əl klɔ(ː)θ]
　테이블클로쓰 n. 식탁보

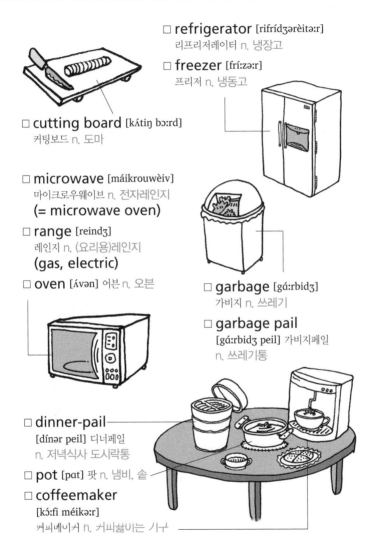

□ **refrigerator** [rifrídʒərèitəːr]
리프리저레이터 n. 냉장고

□ **freezer** [fríːzəːr]
프리저 n. 냉동고

□ **cutting board** [kʌ́tiŋ bɔːrd]
커팅보드 n. 도마

□ **microwave** [máikrouwèiv]
마이크로우웨이브 n. 전자레인지
(= microwave oven)

□ **range** [reindʒ]
레인지 n. (요리용)레인지
(gas, electric)

□ **oven** [ʌ́vən] 어븐 n. 오븐

□ **garbage** [gáːrbidʒ]
가비지 n. 쓰레기

□ **garbage pail**
[gáːrbidʒ peil] 가비지페일
n. 쓰레기통

□ **dinner-pail**
[dínər peil] 디너페일
n. 저녁식사 도시락통

□ **pot** [pɑt] 팟 n. 냄비, 솥

□ **coffeemaker**
[kɔ́ːfi méikəːr]
커피메이커 n. 커피끓이는 기구

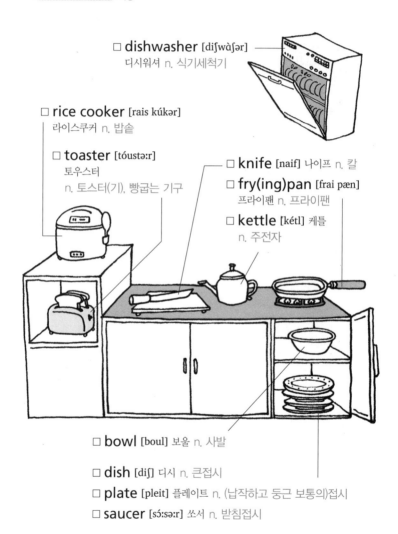

□ **dishwasher** [díʃwàʃər]
디시워셔 n. 식기세척기

□ **rice cooker** [rais kúkər]
라이스쿠커 n. 밥솥

□ **toaster** [tóustəːr]
토우스터
n. 토스터(기), 빵굽는 기구

□ **knife** [naif] 나이프 n. 칼
□ **fry(ing)pan** [frai pæn]
프라이팬 n. 프라이팬
□ **kettle** [kétl] 케틀
n. 주전자

□ **bowl** [boul] 보울 n. 사발

□ **dish** [diʃ] 디시 n. 큰접시
□ **plate** [pleit] 플레이트 n. (납작하고 둥근 보통의)접시
□ **saucer** [sɔ́ːsəːr] 쏘서 n. 받침접시

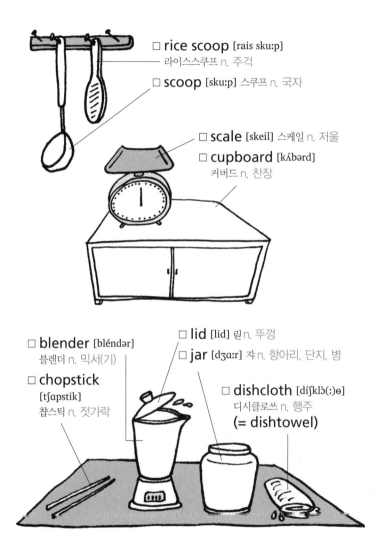

☐ **rice scoop** [rais skuːp]
라이스스쿠프 n. 주걱

☐ **scoop** [skuːp] 스쿠프 n. 국자

☐ **scale** [skeil] 스케일 n. 저울

☐ **cupboard** [kʌ́bərd]
커버드 n. 찬장

☐ **blender** [bléndər]
블렌더 n. 믹서(기)

☐ **chopstick**
[tʃɑpstik]
챱스틱 n. 젓가락

☐ **lid** [lid] 릳 n. 뚜껑

☐ **jar** [dʒɑːr] 쟈 n. 항아리, 단지, 병

☐ **dishcloth** [díʃklɔ̀(ː)θ]
디시클로쓰 n. 행주
(= **dishtowel**)

37

〈관련어〉

□ **kitchenware** [kítʃinwèər] 키친웨어 n. 부엌세간

□ **drain** [drein] 드레인 n. 배수, 배수관

□ **sewer** [sjúːər] 슈어 n. 하수구

□ **dish soap** [diʃ soup] 디시쏘웁 n. 설거지용 비누

□ **toilet soap** [tɔ́ilit soup] 토일릿쏘웁 n. 세수비누

□ **washing soap** [wáʃiŋ soup] 워슁쏘웁 n. 세탁비누

□ **hard soap** [hɑːrd soup] 하드쏘웁 n. 고형비누, 나트륨비누

□ **soft soap** [sɔ(ː)ft soup] 쏘프트쏘웁 n. 연질비누

□ **hard water** [hɑːrd wɔ́ːtər] 하드워터 n. 경수(센물)

□ **soft water** [sɔ(ː)ft wɔ́ːtər] 쏘프트워트 n. 연수(단물)

□ **cold water** [kould wɔ́ːtər] 코울드워터 n. 냉수

□ **boiling water** [bɔ́iliŋ wɔ́ːtər] 보일링워터 n. 끓는 물

□ **soda water** [sóudə wɔ́ːtər] 쏘우더워터 n. 소다수

□ **cabinet** [kǽbənit] 캐버닛 n. 보관장

□ **earthenware** [ɔ́:rəənwὲər] 어썬웨어 n. 토기, 질그릇

□ **tableware** [téib-əlwὲəːr] 테이블웨어 n. 식탁용식기류

□ **silver plate** [sílvəːr pleit] 씰버플레잇 n. 은그릇

□ **exhauster** [igzɔ́:stər] 익조스터 n. 배기장치

□ **exhaust fan** [igzɔ́:st fæn] 익조스트팬 n. 배출기 팬, 환기팬

□ **exhaust fume** [igzɔ́:st fju:m] 익조스트퓸 n. 배기가스

□ **scrubber** [skrʌ́bəːr] 스크러버 n. 솔, 수세미

□ **eggbeater** [éǵbì:tər] 에그비터 n. 달걀거품기

□ **bottle opener** [bátl óupənər] 바틀오우퍼너 n. 병따개

□ **smoke detector** [smouk ditéktər]
스모우크디텍터 n. 연기탐지기

□ **fire alarm** [faiər əlá:rm] 파이어얼람 n. 화재경보기

□ **glass bottle** [glæs bátl] 글래스바틀 n. 유리병

□ **dirtheap** [dɔ́:rthì:p] 더트히프 n. 쓰레기더미

chapter 2

식료품(Grocery)

1 식료품(Grocery)

☐ **mayonnaise** [mèiənéiž]
메이어네이즈 n. 마요네즈

☐ **dressing** [drésiŋ] 드레싱 n. 드레싱

☐ **margarine** [máːrdʒ-ərin]
마저린 n. 마가린

☐ **milk** [milk] 밀크 n. 우유

☐ **cream** [kriːm] 크림 n. 크림

☐ **cheese** [tʃiːz] 치즈 n. 치즈

☐ **butter** [bátər] 버터 n. 버터

□ **sugar** [ʃúgər] 슈거 n. 설탕

□ **ingredient** [ingríːdiənt]
인그리디언트 n. 재료, 성분

□ **sugar cube** [ʃúgər kjuːb]
슈거큐브 n. 각설탕

□ **salt** [sɔːlt] 쏠트
n. 소금

□ **red pepper** [red pépər]
레드페러 n. 빨간 고추
(= hot pepper)

□ **shredded redpepper**
[ʃrédid redpépər]
슈레딛레드페퍼 n. 실고추

□ **pepper** [pépər]
페퍼 n. 후추

□ **ketchup** [kétʃəp] 케첩 n. 케첩

□ **seasoning** [síːz-əniŋ]
씨저닝 n. 조미료

41

□ **spice** [spais] 스파이스 n. 양념

□ **red pepper powder**[red pepərpaudər]
레드페퍼파우더 n. 고추가루

□ **hot pepper sauce**
[hɑtpépər sɔ:s]
핫페퍼소스 n. 고추장

□ **sauce** [sɔ:s] 쏘스 n. 소스

□ **sesame**
[sésəmi]
쎄서미 n. 참깨

□ **soy** [sɔi] 쏘이 n. 간장
(= **soysauce**)

□ **bean oil** [bi:n ɔil]
빈오일 n. 콩기름

□ **vinegar** [vínigər]
비니거 n. 식초

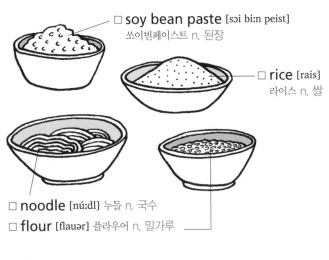

□ **soy bean paste** [sɔi biːn peist]
쏘이빈페이스트 n. 된장

□ **rice** [rais]
라이스 n. 쌀

□ **noodle** [núːdl] 누들 n. 국수
□ **flour** [flauər] 플라우어 n. 밀가루

□ **donut** [dóunʌt] 도우넏 n. 도넛

□ **bread** [bred] 브레드 n. 빵

□ **nut** [nʌt] 넏 n. 견과

□ **cookie** [kúki] 쿠키 n. 쿠키
□ **biscuit** [bískit] 비스킫 n. 비스킷(영국)
□ **cracker** [krǽkər] 크래커 n. 얇고 바삭한 비스킷(미국)

〈관련어〉

☐ **rice plant** [rais plænt] 라이스플랜트 n. 벼

☐ **paddy field** [pǽdi fi:ld] 패디필드 n. 논

☐ **hulled rice** [hʌld rais] 헐드라이스 n. 현미

☐ **barley** [bá:rli] 바리 n. 보리

☐ **wheat** [hwi:t] 휘트 n. 밀

☐ **oat** [out] 오우트 n. 귀리

☐ **rye** [rai] 라이 n. 호밀

☐ **corn** [kɔ:rn] 콘 n. 옥수수

☐ **almond** [á:mənd] 아먼드 n. 아몬드

☐ **chestnut** [tʃésnʌt] 체스넛 n. 밤

☐ **walnut** [wɔ́:lnʌt] 월넛 n. 호두

☐ **peanut** [píːnʌ̀t] 피넛 n. 땅콩

☐ **soybean** [sɔ́ibìːn] 쏘이빈 n. 대두, 메주콩

☐ **red bean** [red biːn] 레드빈 n. 팥

☐ **jack bean** [dʒæk biːn] 잭빈 n. 작두콩

☐ **mung bean** [mʌŋ biːn] 멍빈 n. 녹두

☐ **kidney bean** [kídni biːn] 키드니빈 n. 강낭콩

☐ **pea** [piː] 피 n. 완두콩

☐ **foxtail millet** [fákstèil mílit] 팍스테일밀릿 n. 조

☐ **African millet** [ǽfrikən mílit] 애프리컨밀릿 n. 수수

☐ **dairy products** [déəri prádəkts] 데어리프러덕츠 n. 유제품

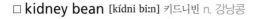

2 고기(Meat)

□ **beef** [biːf] 비프 n. 쇠고기 ——
□ **pork** [pɔːrk] 포크 n. 돼지고기

□ **mutton** [mʌ́tn] 머튼 n. 양고기 ——
□ **lamb** [læm] 램 n. 새끼양고기

□ **horsemeat** [hɔːrʃmìːt]
호스미트 n. 말고기
□ **ham** [hæm] 햄 n. 햄

☐ sausage [sɔ́ːsidʒ]
쏘시지 n. 쏘시지

☐ bacon [béikən]
베이컨 n. 베이컨

☐ turkey [tə́ːrki]
터키 n. 칠면조(고기)

☐ chicken [tʃíkin]
치킨 n. 닭고기

〈관련어〉

□ **meat** [miːt] 미트 n. (식용 짐승의)고기

□ **butcher** [bútʃər] 부쳐 n. 정육점주인

□ **meat packing** [míːtpæ̀kiŋ] 미트패킹 n. 정육업

□ **meatpacker** [míːtpæ̀kər] 미트패커 n. 정육업자

□ **meat safe** [miːt seif] 미트세이프 n. (고기 넣어두는)찬장

□ **meat market** [miːt máːrkit] 미트마킷 n. 정육시장

□ **butcher meat** [bútʃər miːt] 부쳐미트 n. 식용고기

□ **butcher's** [bútʃərz] 부쳐즈 n. 정육점

□ **cleaver** [klíːvər] 클리버 n. 큰 식칼

□ **meat grinder** [miːt gráindər] 미트그라인더 n. 고기가는 기계

□ **meat chopper** [miːt tʃápər] 미트챠퍼 n. 고기 초퍼

□ **meat-ax(e)** [míːtæks] 미트액스 n. 고기를 토막치는 식칼

□ **meat-pie** [míːtpái] 미트파이 n. 고기파이

□ **meatball** [míːtbɔ̀ːl] 미트볼 n. 고기완자

□ **chilled meat** [tʃild miːt] 췰드미트 n. 냉장육

□ **ground meat** [graund miːt] 그라운드미트 n. 저민고기

□ **inside meat** [ínsáid miːt] 인싸이드미트 n. (고기)내장

□ **rib meat** [rib miːt] 립미트 n. 갈비(고기)

□ **broiled beef** [brɔild biːf] 브로일드비프 n. 불고기

③ 야채(Vegetable)

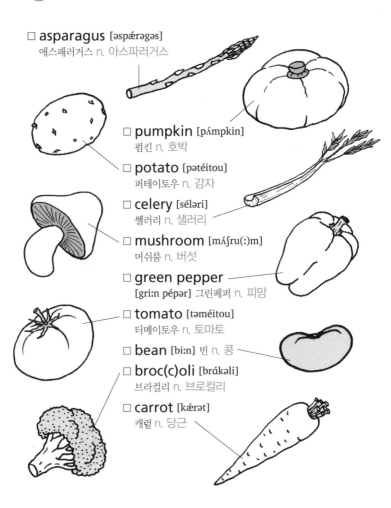

☐ **asparagus** [əspǽrəgəs]
애스패러거스 n. 아스파라거스

☐ **pumpkin** [pʌ́mpkin]
펌킨 n. 호박

☐ **potato** [pətéitou]
퍼테이토우 n. 감자

☐ **celery** [séləri]
쎌러리 n. 샐러리

☐ **mushroom** [mʌ́ʃru(ː)m]
머쉬룸 n. 버섯

☐ **green pepper**
[griːn pépər] 그린페퍼 n. 피망

☐ **tomato** [təméitou]
터메이토우 n. 토마토

☐ **bean** [biːn] 빈 n. 콩

☐ **broc(c)oli** [brákəli]
브라컬리 n. 브로컬리

☐ **carrot** [kǽrət]
캐럴 n. 당근

□ **Chinese cabbage**
[tʃainíːz kǽbidʒ]
챠이니즈캐비지 n. 배추

□ **cabbage** [kǽbidʒ]
캐비지 n. 양배추

□ **green onion** [griːn ʌ́njən]
그린어니언 n. 파

□ **eggplant** [égplǽnt]
에그플랜트 n. 가지

□ **radish** [rǽdiʃ] 래디시 n. 무

□ **garlic** [gáːrlik] 갈릭 n. 마늘

□ **ginger** [dʒíndʒər] 쥔줘 n. 생강

□ **sweet potàto**
[swiːt pətéitou]
스위트 퍼테이토우 n. 고구마

□ **onion** [ʌ́njən] 어니언 n. 양파

□ **lettuce** [létis] 레티스 n. 상추

□ **cucumber** [kjúːkəmbər]
큐컴버 n. 오이

〈관련어〉

□ **lotus root** [lóutəs ruːt] 로우터스루트 n. 연근

□ **burdock** [bə́ːrdɑ̀k] 버닥 n. 우엉

□ **leek** [liːk] 리크 n. 부추

□ **scallion** [skǽljən] 스캘리언 n. 파

□ **beanstalk** [bíːnstɔ̀ːk] 빈스토크 n. 콩줄기, 콩대

□ **beansprout** [bíːnspraut] 빈스프라우트 n. 콩나물

□ **bamboo shoot** [bæmbúːʃuːt] 뱀부슈트 n. 죽순

□ **ginseng** [ʤínseŋ] 진셍 n. 인삼

□ **yam** [jæm] 얨 n. 마

□ **taro** [tá:rou] 타로우 n. 토란

□ **cauliflower** [kɔ́:ləflàuər]
　콜러플라우어 n. 콜리플라워, 꽃양배추

□ **turnip** [tə́:rnip] 터닙 n. 순무

□ **mugwort** [mʌ́gwə̀:rt] 먹워트 n. 쑥

□ **crown daisy** [kraun déizi] 크라운데이지 n. 쑥갓

□ **leaf mustard** [li:f mʌ́stə:rd] 리프머스터드 n. 갓

□ **parsley** [pá:rsli] 파슬리 n. 파슬리

□ **spinach** [spínitʃ] 스피니취 n. 시금치

4 과일(Fruit)

□ **pear** [pɛər]
페어 n. 배

□ **apple** [ǽpl]
애플 n. 사과

□ **peach** [pi:tʃ]
피치 n. 복숭아

□ **plum** [plʌm]
플럼 n. 자두

□ **banana** [bənǽnə]
버내너 n. 바나나

□ **kiwi** [kí:wi]
키위 n. 키위
(= kiwifruit)

□ **watermelon**
[wɔ́:tə:rmèlən]
워터멜런 n. 수박

□ **mango**
[mǽŋgou]
맹고우 n. 망고

□ **pineapple**
[páinæpl] 파인애플
n. 파인애플

□ **lemon** [lémən]
레먼 n. 레몬

□ **orange** [ɔ́(:)rindʒ]
오린지 n. 오렌지

□ **cherry** [tʃéri]
체리 n. 버찌, 체리

□ **muskmelon**
[mʌ́skmèlən] 머스크멜런
n. 멜론

□ **persimmon**
[pəːrsímən]
퍼씨먼 n. 감

□ **tangerine**
[tændʒ-əríːn]
탠줘린 n. 귤

□ **grape** [greip]
그레이프 n. 포도

□ **strawberry**
[strɔ́ːhèri]
스트로베리 n. 딸기

55

〈관련어〉

□ **mulberry** [mʌ́lbèri] 멀베리 n. 오디

□ **blueberry** [blú:bèri] 블루베리 n. 블루베리

□ **jujube** [dʒú:dʒu:b] 쥬쥬브 n. 대추

□ **pomelo** [pámǝlòu] 파멀로우 n. 자몽

□ **lime** [laim] 라임 n. 라임

□ **apricot** [éiprǝkàt] 에이프러캇 n. 살구

☐ **avocado** [ǽvəkáːdou] 애버카도우 n. 아보카도

☐ **coco(a)nut** [kóukənʌ̀t] 코우커넛 n. 코코넛

☐ **fig** [fig] 피그 n. 무화과

☐ **papaya** [pəpáːjə] 퍼파여 n. 파파야

☐ **pomegranate** [pάməgrὰnit] 파머그래닛 n. 석류

☐ **raspberry** [rǽzbèri] 래즈베리 n. 산딸기

⑤ 어패류(Fish & Shellfish)

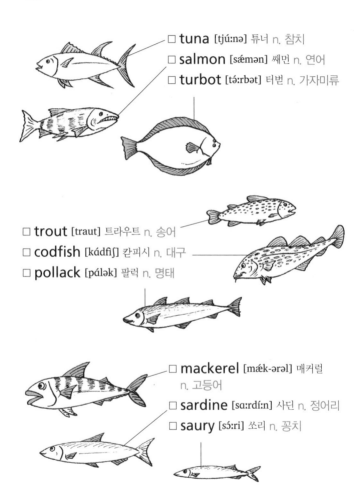

□ **tuna** [tjúːnə] 튜너 n. 참치
□ **salmon** [sǽmən] 쌔먼 n. 연어
□ **turbot** [tə́ːrbət] 터벋 n. 가자미류

□ **trout** [traut] 트라우트 n. 송어
□ **codfish** [kɑ́dfiʃ] 칻피시 n. 대구
□ **pollack** [pɑ́lək] 팔럭 n. 명태

□ **mackerel** [mǽk-ərəl] 매커럴
　　 n. 고등어
□ **sardine** [sɑːrdíːn] 사딘 n. 정어리
□ **saury** [sɔ́ːri] 쏘리 n. 꽁치

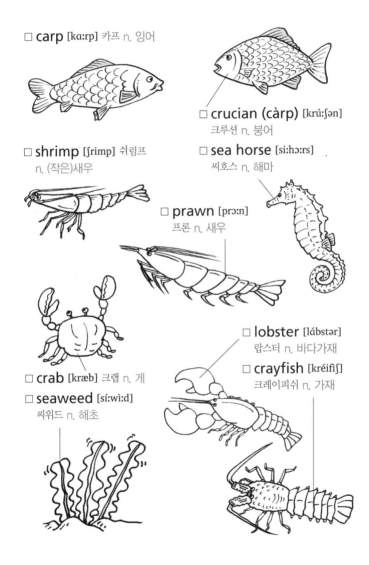

☐ **carp** [kɑːrp] 카프 n. 잉어

☐ **crucian (càrp)** [krúːʃən] 크루션 n. 붕어

☐ **shrimp** [ʃrimp] 쉬림프 n. (작은)새우

☐ **sea horse** [siːhɔːrs] 씨호스 n. 해마

☐ **prawn** [prɔːn] 프론 n. 새우

☐ **lobster** [lábstər] 랍스터 n. 바다가재

☐ **crayfish** [kréifiʃ] 크레이피쉬 n. 가재

☐ **crab** [kræb] 크랩 n. 게

☐ **seaweed** [síːwìːd] 씨위드 n. 해초

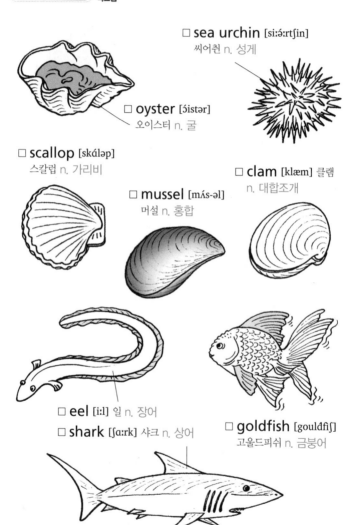

□ **sea urchin** [siːə́ːrtʃin]
씨어췬 n. 성게

□ **oyster** [ɔ́istər]
오이스터 n. 굴

□ **scallop** [skáləp]
스칼럽 n. 가리비

□ **clam** [klæm] 클램
n. 대합조개

□ **mussel** [mʌ́s-əl]
머셜 n. 홍합

□ **eel** [iːl] 일 n. 장어

□ **shark** [ʃɑːrk] 샤크 n. 상어

□ **goldfish** [gouldfiʃ]
고울드피쉬 n. 금붕어

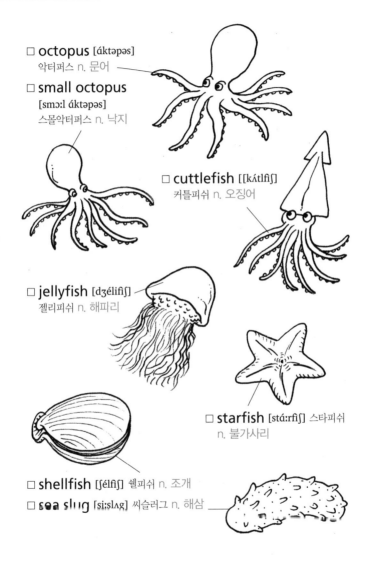

□ **octopus** [áktəpəs]
악터퍼스 n. 문어

□ **small octopus**
[smɔ:l áktəpəs]
스몰악터퍼스 n. 낙지

□ **cuttlefish** [[kʌ́tlfiʃ]
커틀피쉬 n. 오징어

□ **jellyfish** [dʒélifiʃ]
젤리피쉬 n. 해파리

□ **starfish** [stáːrfiʃ] 스타피쉬
n. 불가사리

□ **shellfish** [ʃélfiʃ] 쉘피쉬 n. 조개
□ **sea slug** [siːslʌg] 씨슬러그 n. 해삼

〈관련어〉

☐ **alga** [ǽlgə] 앨거 n. 바닷말, 조류

☐ **brown seaweed** [braun síːwìːd] 브라운씨위드 n. 갈조류

☐ **kelp** [kelp] 켈프 n. 다시마

☐ **laver** [léivəːr] 레이버 n. 김, 파래

☐ **green laver** [griːn léivəːr] 그린레이버 n. 파래

☐ **abalone** [æ̀bəlóuni] 애벌로우니 n. 전복

☐ **flatfish** [flǽtfiʃ] 플랫피쉬 n. 넙치, 가자미류의 총칭

☐ **pufferfish** [pʌ́fərfiʃ] 퍼퍼피쉬 n. 복어

□ **sea-bream** [si:bri:m] 씨브림 n. 도미

□ **catfish** [kǽtfiʃ] 캣피쉬 n. 메기

□ **mullet** [mʌ́lit] 멀릿 n. 숭어과의 어류

□ **sweetfish** [swíːtfiʃ] 스윗피쉬 n. 은어

□ **marsh snail** [mɑːrʃ sneil] 마쉬스네일 n. 다슬기

□ **edible snail** [édəbəl sneil] 에더벌스네일 n. 식용달팽이

□ **edible frog** [édəbəl frɔːg] 에더벌프로그 n. 식용개구리

① 의복(Clothes)

□ **suit** [suːt] 수트
n. 정장(한벌)

□ **dress shirt**
[dresʃəːrt] 드레스셔트
n. 와이셔츠

□ **jacket** [dʒǽkit] 재킽
n. 웃옷(양복저고리)

□ **blouse** [blaus]
블라우스 n. 블라우스

□ **pants** [pænts] 팬츠
n. 바지 (= trousers)

□ **vest** [vest] 베스트
n. 조끼

□ **polo shirt**
[póulou ʃəːrt] 포울로우셔트
n. 폴로셔츠

□ **jumper** [dʒʌ́mpər]
졈퍼 n. 잠바

□ **sweater** [swétər]
스웨터 n. 스웨터

□ **coat** [kout] 코우트 n. 코트

□ **dress** [dres]
드레스 n. 원피스

□ **tuxedo** [tʌksíːdou]
턱씨도우 n. 턱시도

□ **shorts** [ʃɔːrts] 쇼츠 n. 짧은 바지
□ **skirt** [skəːrt] 스커트 n. 치마

65

□ **uniform**
[júːnəfɔ̀ːrm]
유너폼 n. 제복

□ **turtleneck**
[tə́ːrtlnèk] 터틀넥
n. 스웨터

□ **raincoat**
[réinkòut]
레인코우트 n. 비옷

□ **nightdress**
[náitdrès] 나이트드레스
n. 여성잠옷

□ **jeans** [dʒíːnz]
진즈 n. 청바지

□ **casual wear**
[kǽʒuəl wɛ̀ər]
캐쥬얼웨어 n. 평상복

□ **overall** [óuvərɔ̀ːl] 오우버롤
n. 멜빵바지

□ **cardigan**
[káːrdigən]
카디건 n. 가디건

□ **swimsuit** [swímsùːt]
스윔수트 n. 수영복

□ **underwear**
[ʌ́ndərwɛ̀ər] 언더웨어
n. 내의, 속옷

□ **sportswear** [spɔ́ːrtswɛ̀ːr]
스포츠웨어 n. 운동복

□ **jogging suit** [dʒágiŋ suːt]
쟈깅수트 n. 조깅복장

〈관련어〉

☐ **T-shirt** [tíːʃəːrt] 티셔트 n. 티셔츠

☐ **miniskirt** [mínəskə̀ːrt] 미너스커트 n. 미니스커트

☐ **longskirt** [lɔːŋskə̀ːrt] 롱스커트 n. 긴치마

☐ **garment** [gáːrmənt] 가먼트 n. 의복, 옷

☐ **attire** [ətáiər] 어타이어 n. 복장, 의복

☐ **raiment** [réimənt] 레이먼트 n. 의류, 의복

☐ **garb** [gɑːrb] 가브 n. (격식, 유머) 의복

☐ **down jacket** [daun dʒǽkit] 다운재킷 n. 다운재킷

☐ **brassiere** [brəzíəːr] 브러지어 n. 브래지어(=bra)

☐ **blazer** [bléizər] 블레이저 n. 콤비 상의

☐ **knickers** [níkərz] 니커즈 n. (여성용) 속바지

☐ **bloomers** [blúːmərz] 불루머스 n. (여성용 구식) 속바지

☐ **slip** [slip] 슬립 n. 슬립(여성용 속옷)

☐ **negligee** [négliʒèi] 네글리제이 n. 여성용 실내 가운

☐ **garter** [gáːrtər] 가터 n. (양말, 스타킹이 내려오지 않게하는) 밴드

☐ **lining** [láiniŋ] 라이닝 n. 안감

☐ **button** [bʌ́tn] 버튼 n. 단추

☐ **zipper** [zípəːr] 지퍼 n. 지퍼

☐ **collar** [kálər] 컬러 n. 칼러, 깃

☐ **pocket** [pákit] 파킷 n. 호주머니

☐ **v-neck** [víːnek] 비넥 n. v형 깃

☐ **short-sleeved** [ʃɔ́ːrtslíːvd] 쇼트슬리브드 a. 반소매의

☐ **tight** [tait] 타이트 a. 몸에 꼭 맞는(끼는)

☐ **loose** [luːs] 루스 a. (옷이)헐거운

☐ **well-dressed** [wéldrést] 웰드레스트
   a. (옷을) 잘 차려 입은

② 신발(Shoes)

☐ sandal [sǽndl]
쌘들 n. 샌들

☐ slipper [slípər] 슬리퍼 n. 실내화
☐ scuffs [skʌfs] 스커프스 n. 슬리퍼

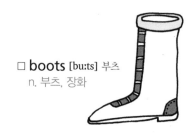

☐ boots [buːts] 부츠
n. 부츠, 장화

☐ high-heeled shoes
[haihiːld ʃuːz] 하이힐드슈즈
n. 굽높은 구두

☐ low shoes [lou ʃuːz]
로우슈즈 n. 단화

□ **mountain-climbing boots**
[máunt-ən-kláimiŋ bu:ts]
마운턴클라이밍부츠 n. 등산화

□ **leather shoes**
[léðə:r ʃu:z] 레더슈즈
n. 가죽구두

□ **sports shoes**
[spɔ:rts ʃu:z] 스포츠슈즈
n. 운동화

□ **sneakers** [sní:kə:rz]
스니커즈 n. (고무바닥의)운동화

〈관련어〉

- □ **zipper** [zípəːr] 지퍼 n. 지퍼
- □ **shoestring** [ʃuːstriŋ] 슈스트링 n. 구두끈(=shoelace)
- □ **shoehorn** [ʃúːhɔ̀ːrn] 슈혼 n. 구둣주걱
- □ **horseshoe** [hɔ́ːrsʃùː] 호스슈 n. (말)편자

- □ **footgear** [fútgìəːr] 풋기어 n. 신는 것
- □ **footboard** [fútbɔːrd] 풋보드 n. 발판
- □ **footwear dealer** [fútwɛ̀əːr díːlər] 풋웨어딜러 n. 신발장수
- □ **footwear store** [fútwɛ̀əːr stɔːr] 풋웨어스토 n. 신발가게
- □ **shoe store** [ʃuːstɔːr] 슈스토 n. 신발가게

□ **footwear maker** [fútwɛ̀ər méikər]
풋웨어메이커 n. 신발제조업자

□ **shoe-keeping sack** [ʃuːkíːpiŋ sæk]
슈키핑쌕 n. 신발 주머니

□ **combat boots** [kámbæt buːts] 컴뱃부츠 n. 군화

□ **laced boots** [leist buːts] 레이스트부츠 n. 편상화

□ **footmark** [fútmàːrk] 풋마크 n. 발자국(=footprint)

□ **shoebox** [ʃúːbàks] 슈박스 n. 구두상자

□ **shoebrush** [ʃúːbrʌ̀ʃ] 슈브러쉬 n. 구둣솔

□ **shoeblack** [ʃúːblæ̀k] 슈블랙 n. 구두닦이

□ **shoetree** [ʃúːtriː] 슈트리 n. 구두틀

□ **shoe-buckle** [ʃuːbʌ́kəl] 슈버컬 n. 구두의 죔쇠

3 소품(Accessory)

□ earring [íərìŋ] 이어링
n. 귀걸이, 귀고리

□ sunglass [sʌ́nglæs]
썬글래스 n. 색안경

□ bracelet [bréislit]
브레이스릳 n. 팔찌

□ scarf [skɑːrf] 스카프
n. 스카프, 목도리

□ ring [riŋ] 링 n. 반지

□ brooch [broutʃ]
브로우취 n. 브로치

□ necklace [néklis]
네크리스 n. 목걸이

□ handkerchief
[hǽŋkərtʃif]
행커칲 n. 손수건

□ stocking [stákiŋ] 스타킹 n. 스타킹
□ socks [sɑks] 싹스 n. (짧은)양말

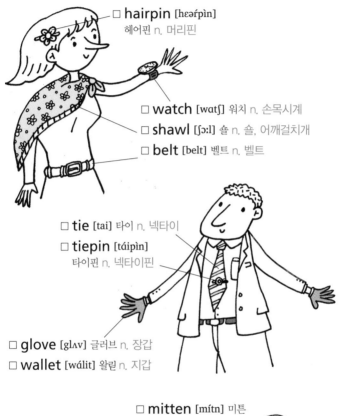

□ **hairpin** [hɛə́rpìn]
헤어핀 n. 머리핀

□ **watch** [wɑtʃ] 워치 n. 손목시계
□ **shawl** [ʃɔːl] 숄 n. 솔, 어깨걸치개
□ **belt** [belt] 벨트 n. 벨트

□ **tie** [tai] 타이 n. 넥타이
□ **tiepin** [tɑ́ipìn]
타이핀 n. 넥타이핀

□ **glove** [glʌv] 글러브 n. 장갑
□ **wallet** [wɑ́lit] 왈릿 n. 지갑

□ **mitten** [mítn] 미튼
n. 벙어리장갑

□ **bow tie** [bóutài]
보우타이 n. 나비넥타이

〈관련어〉

☐ **glasses** [glæsiz] 글래시즈 n. 안경

☐ **spectacles** [spéktək-əlz] 스펙터컬즈 n. 안경

☐ **binoculars** [bənákjələrz] 버나컬러즈 n. 쌍안경

☐ **bifocals** [baifóukəlz] 바이포우컬즈 n. 이중초점안경

☐ **protective glasses** [prətéktiv glæsiz]
  프러텍티브글래시즈 n. 보(호)안경

☐ **reading glasses** [rí:diŋ glæsiz] 리딩글래시즈
  n. 독서안경, 돋보기

☐ **contact lens** [kántækt lenz] 컨택트렌즈 n. 콘택트렌즈

☐ **purse** [pə:rs] 퍼스 n. 지갑

☐ **pantyhose** [pǽntihòuz] 팬티호우즈 n. 팬티스타킹

☐ **muffler** [mʌ́flə:r] 머플러 n. 머플러, 목도리

□ **hair ornament** [hɛər ɔ́ːrnəmənt]
헤어오너먼트 n. 머리장식

□ **bobby pin** [bábi pin] 바비핀 n. 머리핀의 일종

□ **bonnet** [bánit] 버니트 n. 보닛(턱밑에서 끈을 매는 모자)

□ **pincers** [pínsərz] 핀서즈 n. 족집게

□ **ribbon** [ríbən] 리번 n. 리본

□ **mobile phone** [móubəl foun] 모우벌포운 n. 휴대폰

□ **cellular phone** [séljələr foun] 쎌렬러포운
n. 무선전화(핸드폰)

□ **balloon** [bəlúːn] 벌룬 n. 기구, 풍선

□ **earmuff** [iərmʌf] 이어머프 n. 귀덮개, 귀가리개

□ **waistband** [wéistbæ̀nd] 웨이스트밴드 n. 허리띠, 허리끈

④ 보석류(Jewelry)

□ **gold** [gould] 고울드 n. 금

□ **diamond** [dáiəmənd]
다이어먼드 n. 다이아몬드

□ **emerald**
[émərəld] 에머럴드
n. 에머럴드, 취옥

□ **silver** [sílvə:r] 씰버 n. 은

□ **pearl** [pə:rl] 펄 n. 진주

□ **ruby** [rú:bi] 루비
n. 루비, 홍옥

□ **coral** [kɔ́:rəl] 코럴 n. 산호

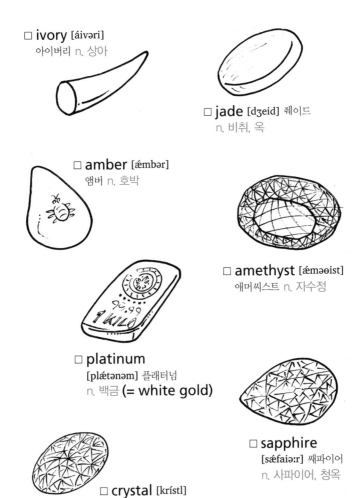

□ **ivory** [áivəri]
아이버리 n. 상아

□ **jade** [dʒeid] 쉐이드
n. 비취, 옥

□ **amber** [ǽmbər]
앰버 n. 호박

□ **amethyst** [ǽməθist]
애머씨스트 n. 자수정

□ **platinum**
[plǽtənəm] 플래터넘
n. 백금 (= white gold)

□ **sapphire**
[sǽfaiəːr] 쌔파이어
n. 사파이어, 청옥

□ **crystal** [krístl]
크리스틀 n. 수싱

〈관련어〉

□ **topaz** [tóupæz] 토우패즈 n. 황옥

□ **precious metal** [préʃəs métl] 프레셔스메틀 n. 귀금속

□ **treasure** [tréʒər] 트레져 n. 보배, 귀중품

□ **gem** [dʒem] 쥄 n. 보석, 보배

□ **gem ruby** [dʒem rú:bi] 쥄루비 n. 최상의 홍옥

□ **oriental ruby** [ɔ̀:riéntl rú:bi] 오리엔틀루비 n. 질이좋은 홍옥

□ **gem cutting** [dʒem kʌ́tiŋ] 쥄커팅 n. 보석연마(술)

□ **precious stone** [préʃəs stoun] 프레셔스스토운 n. 보석(원석)

□ **birthstone** [bə:rɵstoun] 버쓰스토운 n. 탄생석

☐ **fake** [feik] 페이크 n. 위조품, 가짜

☐ **imitation** [ìmətéiʃən] 이머테이션 n. 모조품

☐ **genuine pearl** [dʒénjuin pə:rl] 쥐뉴인 펄 n. 진짜진주

☐ **imitation pearl** [ìmətéiʃən pə:rl] 이머테이션펄 n. 모조진주

☐ **cultured pearl** [kʌ́ltʃərd pə:rl] 컬쳐드펄 n. 양식진주

☐ **lapidary** [lǽpədèri] 래퍼데리 n. 보석세공인(감정사)

☐ **lapidary work** [lǽpədèri wə:rk] 래퍼데리워크 n. 보석세공

☐ **jeweler** [dʒú:ələr] 쥬얼러 n. 보석상

☐ **jewelers store** [dʒú:ələrz stɔ:r] 쥬얼러즈스토 n. 보석가게

☐ **jewel case** [dʒú:əl keis] 쥬얼케이스 n. 보석상자

5 색깔(Color)

□ **red** [red] 레드 n. (a) 빨강(색의)
□ **yellow** [jélou] 옐로우 n. (a) 노랑(색의)
□ **blue** [blu:] 블루 n. (a) 파랑(색의)
□ **orange** [ɔ́(:)rindʒ] 오린지 n. (a) 오렌지색(주황색)의
□ **green** [gri:n] 그린 n. (a) 녹색(의)
□ **purple** [pə́:rpəl] 퍼펄 n. (a) 자주색(의)
□ **pink** [piŋk] 핑크 n. (a) 연분홍(의)

☐ **violet** [váiəlit] 바이얼릿 n. (a) 보라색(의)

☐ **turquoise** [tə́:rkwɔiz] 터쿼이즈 n. (a) 청록색(의)

☐ **black** [blæk] 블랙 n. (a) 검은색(의)

☐ **white** [hwait] 화이트 n. (a) 흰색(의)

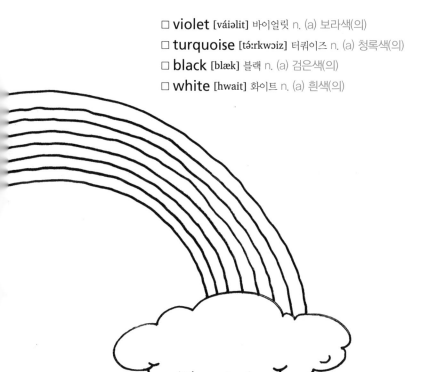

☐ **gray** [grei] 그레이 n. (a) 회색(의)

☐ **cream** [kri:m] 크림 n. (a) 크림색(의)

☐ **brown** [braun] 브라운 n. (a) 다갈색(의)

☐ **beige** [beiʒ] 베이지 n. (a) 베이지색(의)

〈관련어〉

□ **gold** [gould] 고울드 n. 금빛, 황금색

□ **silver** [sílvər] 씰버 n. 은빛, 은색

□ **light blue** [lait blu:] 라이트블루 n. 담청색, 하늘색

□ **navy blue** [néivi blu:] 네이비블루 n. 짙은 청색

□ **dark green** [dɑ:rk gri:n] 다크그린 n. 진초록

□ **light green** [lait gri:n] 라이트그린 n. 연두색

□ **ivory** [áivəri] 아이버리 n. 상아빛

□ **peach** [pi:tʃ] 피취 n. 복숭아빛

□ **crimson** [krímzən] 크림전 n. 진홍색

□ **scarlet** [skɑ́:rlit] 스카릿 n. 주홍, 진홍색

□ **golden** [góuldən] 고울던 a. 금빛의

□ **bright** [brait] 브라이트 a. (색깔이)선명한, 밝은

□ **brownish** [bráuniʃ] 브라우니쉬 a. 갈색을 띤

□ **bluish** [blú:iʃ] 블루이쉬 a. 푸른빛을 띤, 푸르스름한

□ **whitish** [hwáitiʃ] 화이티쉬 a. 희끄무레한

□ **dark** [dɑ:rk] 다크 a. 어두운, 거무스름한

□ **pale** [peil] 페일 a. 엷은 빛깔의

□ **blackish** [blǽkiʃ] 블래키쉬 a. 거무스름한

□ **hue** [hju:] 휴 n. 색조, 색상

□ **delicate color** [délikət kʌ́lər] 델리컷컬러 n. 부드러운 색

□ **sordid color** [sɔ́:rdid kʌ́lər] 쏘딧컬러 n. 우중충한 색

□ **subdued color** [səbdjú:d kʌ́lər] 썹듀드컬러 n. 차분한 색

□ **bright color** [brait kʌ́lər] 브라이트컬러 n. 밝은 색

1 몸(Body) – 얼굴(Face)

□ **head** [hed] 헤드 n. 머리
□ **hair** [hεər] 헤어 n. 머리카락
□ **forehead** [fɔ́:rhèd] 포헤드 n. 이마

□ **eyebrow** [aíbràu]
아이브라우 n. 눈썹
□ **eye** [ai] 아이 n. 눈
□ **pupil** [pjú:pəl] 퓨필
n. 눈동자, 동공
□ **eyelid** [aílìd]
아이리드 n. 눈꺼풀
□ **eyelash** [aílæ̀ʃ]
아이래쉬 n. 속눈썹

□ **jaw** [dʒɔ:] 죠 n. 턱
□ **chin** [tʃin] 췬
n. 턱, 턱끝

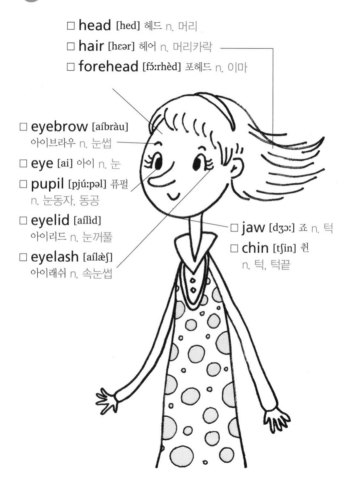

☐ **pimple** [pímpl] 핌플 n. 여드름
☐ **wrinkle** [ríŋk-əl] 링컬 n. 주름
☐ **mole** [moul] 모울 n. 사마귀, 점

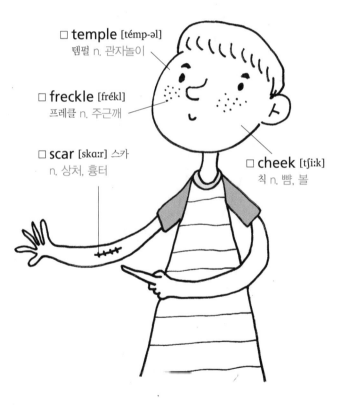

☐ **temple** [témp-əl]
템펄 n. 관자놀이

☐ **freckle** [frékl]
프레클 n. 주근깨

☐ **scar** [skɑːr] 스카
n. 상처, 흉터

☐ **cheek** [tʃiːk]
칙 n. 뺨, 볼

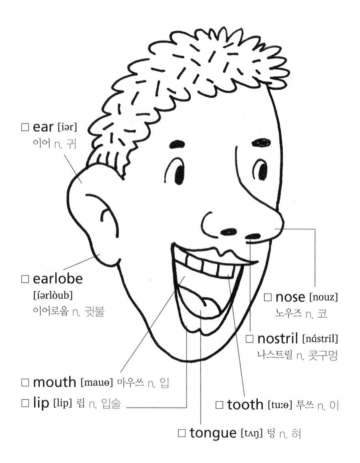

□ ear [iər]
이어 n. 귀

□ earlobe
[íərlòub]
이어로웁 n. 귓불

□ nose [nouz]
노우즈 n. 코

□ nostril [nástril]
나스트릴 n. 콧구멍

□ mouth [mauθ] 마우쓰 n. 입

□ lip [lip] 립 n. 입술

□ tooth [tu:θ] 투쓰 n. 이

□ tongue [tʌŋ] 텅 n. 혀

□ **sideburns** [saídbə̀:rnz]
싸이드번즈 n. 짧은 구렛나루

□ **whisker** [hwískə:r] 휘스커
n. 구렛나루

□ **mustache**
[mʌ́stæʃ] 머스태쉬
n. 콧수염

□ **dimple** [dímpəl]
딤펄 n. 보조개

□ **beard** [biərd] 비어드 n. (턱)수염

□ **goatee** [goutí:] 고우티 n. 염소수염

〈관련어〉

□ **double eyelid** [dʌ́bəlaílìd] 더블아이리드 n. 쌍꺼풀

□ **single eyelid** [síŋg-əl aílìd] 씽걸아이리드 n. 홑꺼풀

□ **upper eyelid** [ʌ́pər aílìd] 어퍼아이리드 n. 윗눈꺼풀

□ **lower eyelid** [lóuər aílìd] 로우어아이리드 n. 아랫눈꺼풀

□ **upper lip** [ʌ́pər lip] 어퍼립 n. 윗입술

□ **lower lip** [lóuər lip] 로우어립 n. 아랫입술

□ **gum** [gʌm] 검 n. 잇몸

□ **bald** [bɔːld] 볼드 a. 대머리의

□ **bob** [bɑb] 법 n. 단발

□ **curl** [kəːrl] 컬 n. 고수머리

□ **ponytail** [póunitèil] 포우니테일
    n. 포니테일, 말총머리

□ **braid** [breid] 브레이드 n. 땋은 머리

□ **Afro** [ǽfrou] 애프로우 n. 아프로(아프리카풍의 둥그런 머리형)

□ **pigtail** [pígtèil] 피그테일 n. 땋아늘인 머리

□ **hairdo** [héərduː] 헤어두 n. (여성의) 머리모양(치장)

□ **blue-eyed** [blúːàid] 블루아이드 a. 푸른 눈의

□ **heavy eyes** [hévi aiz] 헤비아이즈 n. 졸린듯한 눈

□ **brown eyes** [braun aiz] 브라운아이즈 n. 갈색 눈동자

□ **friendly eyes** [fréndli aiz] 프렌들리아이즈 n. 호의적인 눈

□ **eye chart** [ai tʃɑːrt] 아이챠트 n. 시력검사표

□ **profile** [próufail] 프로우파일 n. 옆모습

□ **complexion** [kəmplékʃən] 컴플렉션 n. 안색

□ **poker face** [póukər feis] 포우커페이스 n. 무표정한 얼굴

□ **grimace** [gríməs] 그리머스 n. 찡그린 얼굴

□ **blank stare** [blæŋk stɛəːr] 블랭크스테어 n. 멍한 눈으로 빤히 봄

② 몸(Body) – 보이는 부분(visible part)

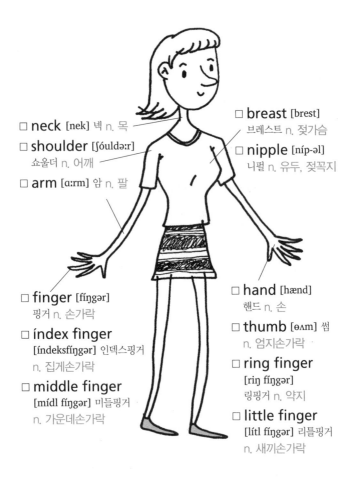

☐ **neck** [nek] 넥 n. 목

☐ **shoulder** [ʃóuldə:r]
쇼울더 n. 어깨

☐ **arm** [ɑ:rm] 암 n. 팔

☐ **breast** [brest]
브레스트 n. 젖가슴

☐ **nipple** [níp-əl]
니펄 n. 유두, 젖꼭지

☐ **finger** [fíŋgər]
핑거 n. 손가락

☐ **índex fìnger**
[índeksfíŋgər] 인덱스핑거
n. 집게손가락

☐ **middle finger**
[mídl fíŋgər] 미들핑거
n. 가운데손가락

☐ **hand** [hænd]
핸드 n. 손

☐ **thumb** [θʌm] 썸
n. 엄지손가락

☐ **ring finger**
[riŋ fíŋgər]
링핑거 n. 약지

☐ **little finger**
[lítl fíŋgər] 리틀핑거
n. 새끼손가락

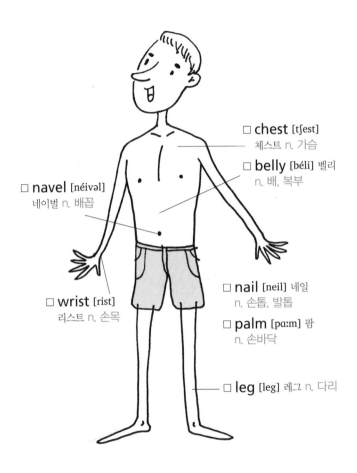

□ **chest** [tʃest]
체스트 n. 가슴

□ **belly** [béli] 벨리
n. 배, 복부

□ **navel** [néivəl]
네이벌 n. 배꼽

□ **nail** [neil] 네일
n. 손톱, 발톱

□ **palm** [pɑːm] 팜
n. 손바닥

□ **wrist** [rist]
리스트 n. 손목

□ **leg** [leg] 레그 n. 다리

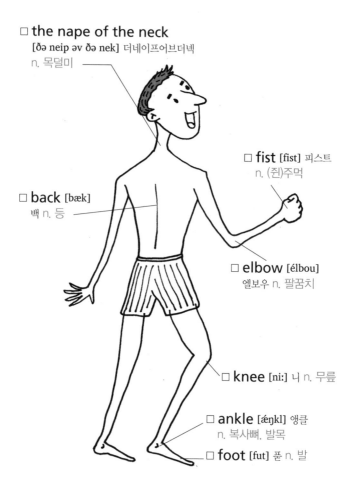

□ **the nape of the neck**
[ðə neip əv ðə nek] 더네이프어브더넥
n. 목덜미

□ **fist** [fist] 피스트
n. (쥔)주먹

□ **back** [bæk]
백 n. 등

□ **elbow** [élbou]
엘보우 n. 팔꿈치

□ **knee** [ni:] 니 n. 무릎

□ **ankle** [ǽŋkl] 앵클
n. 복사뼈, 발목

□ **foot** [fut] 풋 n. 발

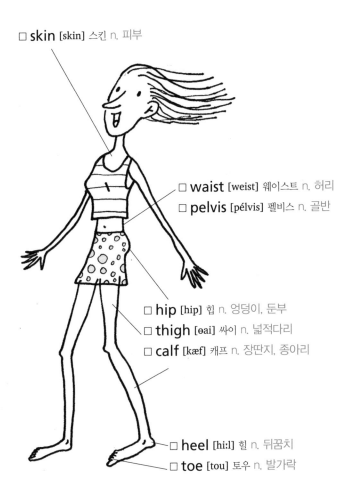

□ **skin** [skin] 스킨 n. 피부

□ **waist** [weist] 웨이스트 n. 허리

□ **pelvis** [pélvis] 펠비스 n. 골반

□ **hip** [hip] 힙 n. 엉덩이, 둔부

□ **thigh** [θai] 싸이 n. 넓적다리

□ **calf** [kæf] 캐프 n. 장딴지, 종아리

□ **heel** [hi:l] 힐 n. 뒤꿈치

□ **toe** [tou] 토우 n. 발가락

〈관련어〉

□ **skin** [skin] 스킨 n. 피부

□ **fair skin** [fɛər skin] 페어스킨 n. 하얀 살결

□ **outer skin** [áutər skin] 아우터스킨 n. 표피

□ **buttocks** [bʌ́təks] 버틱스 n. 궁둥이, 볼기

□ **nates** [néitiːz] 네이티즈 n. 궁둥이, 둔부

□ **feet** [fiːt] 피트 n. foot(발)의 복수형

□ **tiptoe** [típtòu] 팁토우 n. 발끝

□ **toenail** [tóunèil] 토우네일 n. 발톱

□ **big toe** [big tou] 빅토우 n. 엄지발가락

□ **little toe** [lítl tou] 리틀토우 n. 새끼발가락

□ **weight** [weit] 웨이트 n. 무게, 체중

□ **height** [hait] 하이트 n. 키

□ **fats** [fæts] 패츠 n. 뚱뚱한 사람

□ **skinny** [skíni] 스키니 a. 바싹마른

□ **stout lady** [staut léidi] 스타웃레이디 n. 뚱뚱한 여인

□ **plump** [plʌmp] 플럼프 a. 풍만한

□ **plump cheeks** [plʌmp tʃi:ks] 플럼프췌스 n. 통통한 볼

□ **tall** [tɔːl] 톨 a. 키 큰

□ **short** [ʃɔːrt] 쇼트 a. 키가 작은

□ **pretty face** [príti feis] 프리티페이스 n. 애교있는 얼굴

□ **cute** [kjuːt] 큐트 a. 귀여운, 날렵한

□ **pale** [peil] 페일 a. 얼굴이 창백한, 해쓱한

□ **beautiful** [bjúːtəfəl] 뷰터펄 a. 아름다운

□ **handsome** [hǽnsəm] 핸썸 a. 풍채좋은, 잘생긴

□ **nice face** [nais feis] 나이스페이스 n. 아름다운 얼굴

□ **external ear** [ikstə́ːrnəl iər] 익스터널이어 n. 외이

③ 몸(Body)
– 보이지 않는 부분(invisible part)

□ **brain** [brein] 브레인 n. 뇌
□ **throat** [θrout] 쓰로우트 n. 목(구멍)

□ **rib** [rib] 리브 n. 늑골, 갈빗대
□ **stomach** [stʌ́mək] 스터먹 n. 위

□ **neuron** [njúərɑn]
뉴어란 n. 신경단위, 뉴런

□ **bone** [boun] 보운 n. 뼈
□ **muscle** [mʌ́s-əl] 머설 n. 근육
□ **joint** [dʒɔint] 죠인트 n. 관절

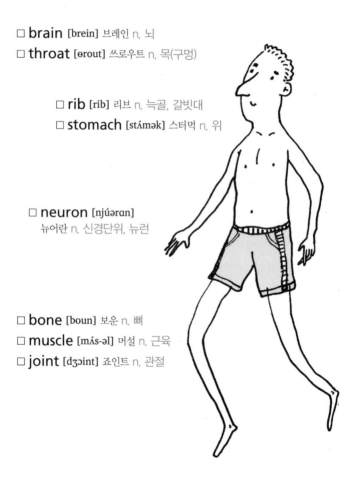

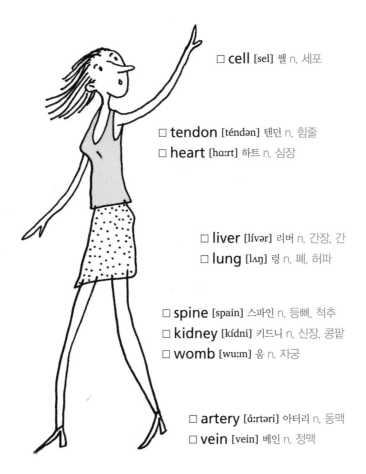

□ **cell** [sel] 쎌 n. 세포

□ **tendon** [téndən] 텐던 n. 힘줄
□ **heart** [hɑːrt] 하트 n. 심장

□ **liver** [lívər] 리버 n. 간장, 간
□ **lung** [lʌŋ] 렁 n. 폐, 허파

□ **spine** [spain] 스파인 n. 등뼈, 척추
□ **kidney** [kídni] 키드니 n. 신장, 콩팥
□ **womb** [wuːm] 움 n. 자궁

□ **artery** [áːrtəri] 아터리 n. 동맥
□ **vein** [vein] 베인 n. 정맥

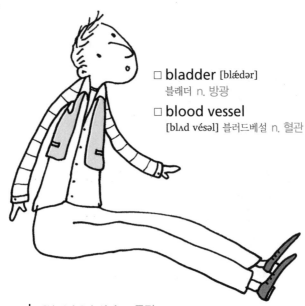

□ **bladder** [blǽdər]
블래더 n. 방광

□ **blood vessel**
[blʌd vésəl] 블러드베설 n. 혈관

□ **uvula** [júːvjulə] 유 뷸러 n. 목젖
□ **pancreas** [pǽŋkriəs] 팽크리어스 n. 췌장

□ **gallbladder** [gɔ́ːlblǽdər] 골블래더 n. 쓸개, 담낭
□ **duodenum** [djuːádənəm] 듀아더넘 n. 십이지장

□ **intestine** [intéstin] 인테스틴 n. 장
□ **large intestine** [lɑːrdʒ intéstin]
　라쥐인테스틴 n. 대장

□ **small intestine**
　[smɔːl intéstin]
　스몰인테스틴 n. 소장

□ **flesh** [fleʃ] 플레시 n. 살
□ **blood** [blʌd] 블러드 n. 피, 혈액
□ **voice** [vɔis] 보이스 n. 목소리

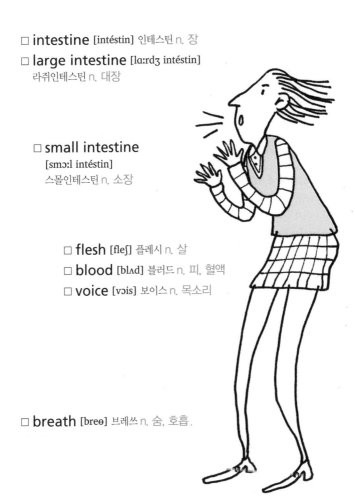

□ **breath** [breθ] 브레쓰 n. 숨, 호흡.

〈관련어〉

□ **bowels** [báuəlz] 바우얼즈 n. 창자, 내장

□ **appendix** [əpéndiks] 어펜딕스 n. 충수, 맹장

□ **inner skin** [ínər skin] 이너스킨 n. 진피

□ **nice ear** [nais iər] 나이스이어 n. 예민한 귀

□ **fine ear** [fain iər] 파인이어 n. 밝은 귀

□ **internal ear** [intə́:rnl iər] 인터늘이어 n. 내이

□ **eardrum** [íərdrʌ̀m] 이어드럼 n. 고막

□ **organs of digestion** [ɔ́:rgənz əv daidʒéstʃən]
　오건즈업다이줴스쳔 n. 소화기관

□ **fine voice** [fain vɔis] 파인보이스 n. 좋은 목소리

□ **chest voice** [tʃest vɔis] 췌스트보이스 n. 흉성

□ **head voice** [hed vɔis] 헤드보이스 n. 두성

□ **veiled voice** [veild vɔis] 베일드보이스 n. 목쉰소리

□ **shrill voice** [ʃril vɔis] 쉬릴보이스 n. 새된소리

□ **deep voice** [diːp vɔis] 딥보이스 n. 힘찬 저음

□ **deep sleep** [diːp sliːp] 딥슬립 n. 깊은 잠

□ **trachea** [tréikiə] 트레이키어 n. (호흡)기관

□ **sense organ** [sens ɔ́ːrgən] 쎈스오건 n. 감각기관

□ **vital organ** [váitl ɔ́ːrgən] 바이틀오건 n. 중요기관

□ **vital spot** [váitl spɑt] 바이틀스팟 n. 급소

□ **vital energies** [váitl énərdʒiz] 바이틀에너쥐즈 n. 생명력

□ **sense of hunger** [sens əv hʌ́ŋgər] 쎈스업헝거 n. 공복감

□ **sense of uneasiness** [sens əv ʌníːzinis]
쎈스업어니지니스 n. 불안감

□ **energy source** [énərdʒi sɔ́ːrs] 에너지쏘스 n. 에너지원

□ **physical energy** [fízikəl énərdʒi] 피지컬에너지 n. 체력

□ **spiritual energy** [spíritʃu-əl énərdʒi]
스피리추얼에너지 n. 기력

④ 몸(Body) – 분비물(Secretion)

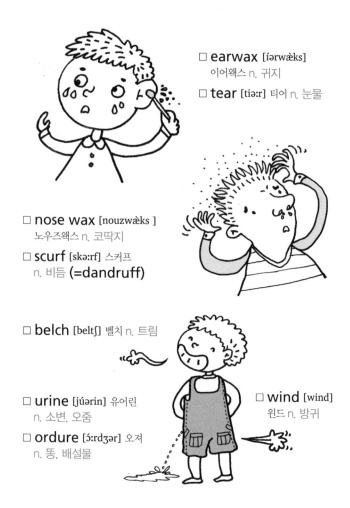

□ **earwax** [íərwæks]
이어왝스 n. 귀지

□ **tear** [tiə:r] 티어 n. 눈물

□ **nose wax** [nouzwæks]
노우즈왝스 n. 코딱지

□ **scurf** [skə:rf] 스커프
n. 비듬 (=dandruff)

□ **belch** [beltʃ] 벨치 n. 트림

□ **urine** [júərin] 유어린
n. 소변, 오줌

□ **ordure** [ɔ́:rdʒər] 오져
n. 똥, 배설물

□ **wind** [wind]
윈드 n. 방귀

□ **yawn** [jɔːn] 욘 n. 하품
□ **sweat** [swet] 스웻 n. 땀

□ **saliva** [səláivə] 설라이버 n. 침, 타액
□ **hiccup** [híkʌp] 히컵 n. 딸꾹질
□ **sneeze** [sniːz] 스니즈 n. 재채기
□ **snivel** [snív-əl] 스니벌 n. 콧물

〈관련어〉

□ **secernent** [sisə́:rnənt] 시써넌트 n. 분비기관

□ **sweat glands** [swet glǽndz] 스웻글랜(드)즈 n. 땀샘

□ **night sweat** [nait swet] 나이트스웻 n. 식은땀

□ **internal secretion** [intə́:rnl sikríːʃ-ən]
  인터늘씨크리션 n. 내분비(작용)

□ **internal bleeding** [intə́:rnl blíːdiŋ]
  인터늘블리딩 n. 내출혈

□ **secretory** [sikríːtəri] 씨크리터리 n. 분비선

□ **secretin** [sikríːtin] 씨크리틴
  n. 세크레틴(소장내에 생기는 호르몬)

□ **excessive secretion** [iksésiv sikríːʃ-ən]
  익세시브씨크리션 n. 과잉분비

☐ **excretion** [ikskrí:ʃən] 익스크리션 n. 배출, 배설

☐ **excrement** [ékskrəmənt] 엑스크러먼트 n. 배설물

☐ **feces** [fí:si:z] 피시즈 n. 배설물, 똥

☐ **dreg** [dreg] 드레그 n. 찌끼

☐ **thyroid** [θáirɔid] 싸이로이드 n. 갑상선

☐ **thyroxin** [θairáksi:n] 싸이락신 n. 티록신(갑상선호르몬)

☐ **sigh** [sai] 싸이 n. 한숨, 탄식

☐ **breath** [breθ] 브레쓰 n. 숨, 호흡

☐ **cough** [kɔ(:)f] 코프 n. 기침

☐ **burp** [bə:rp] 버프 n. 트림

chapter 5

성격(Personality)

1 느낌(Feeling)

□ **mood** [mu:d] 무드
  n. (일시적인)기분, 마음가짐
□ **love** [lʌv] 러브 n. 사랑

□ **pleasure** [pléʒər] 플레저 n. 기쁨, 즐거움
□ **excitement** [iksáitmənt]
  익싸이트먼트 n. 흥분
□ **happiness** [hǽpinis] 해피니스 n. 행복
□ **cheerfulness** [tʃíərfəlnis]
  치어펄니스 n. 유쾌함
□ **amusement** [əmjú:zmənt]
  어뮤즈먼트 n. 즐거움, 재미

□ **kindness** [káindnis] 카인드니스 n. 친절
□ **imagination** [imæ̀dʒənéiʃən]
  이매져네이션 n. 상상(력)
□ **emotion** [imóuʃən] 이모우션 n. 감동, 감정

□ **hope** [houp] 호웁 n. 희망

□ **relief** [rilíːf] 릴리프 n. 안심

□ **belief** [bilíːf] 빌리프 n. 믿음, 신뢰

□ **comfort** [kʌ́mfərt]
캄퍼트 n. 위로, 위안

□ **sympathy** [símpəθi]
씸퍼씨 n. 동정, 호의

□ **fear** [fiər] 피어 n. 두려움, 공포

□ **worry** [wə́ːri] 워리 n. 걱정, 고민

□ **anxiety** [æŋzáiəti] 앵자이어티
n. 근심, 불안, 열망

□ **agony** [ǽgəni] 애거니 n. 고민, 고통

□ **nervousness** [nə́ːrvəsnis]
너버스니스 n. 긴장, 신경과민

□ **anger** [ǽŋgər] 앵거
   n. 분노, 화

□ **shame** [ʃeim] 셰임
   n. 부끄럼, 수치

□ **disappointment**
   [dìsəpɔ́intmənt]
   디서포인트먼트 n. 실망

□ **envy** [énvi] 엔비 n. 질투, 부러움
□ **pity** [píti] 피티 n. 동정
□ **thank** [θæŋk] 쌩크 n. 감사

□ **sadness** [sǽdnis] 쌔드니스
   n. 슬픔, 비애 **(= sorrow)**

□ **misunderstanding**
   [mìsʌndə:rstǽndiŋ]
   미스언더스탠딩 n. 오해

□ **alarm** [əlá:rm] 얼람
   n. 놀람, 공포

□ **danger** [déindʒər]
데인져 n. 위험

□ **care** [kɛər] 케어
n. 주의, 관심

□ **joy** [dʒɔi] 죠이 n. 기쁨, 환희

□ **peace** [piːs] 피스 n. 평화

□ **sentiment** [séntəmənt]
쎈터먼트 n. 감정, 감상

□ **satisfaction** [sæ̀tisfǽkʃ-ən]
쌔티스팩션 n. 만족

□ **hurry** [hə́ːri] 허리 n. 매우 급함, 서두름

□ **haste** [heist] 헤이스트 n. 급함, 신속

□ **dissatisfaction**
[dissæ̀tisfǽkʃən]
디쌔티스팩션 n. 불만, 불평

□ **expectation**
[èkspektéiʃən] 엑스펙테이션
n. 예상, 기대

111

□ **impression** [impréʃən]
임프레션 n. 인상, 감명

□ **admiration** [ædməréiʃən]
애드머레이션 n. 감탄

□ **amazement** [əméizmənt]
어메이즈먼트 n. 깜짝놀람, 경악

□ **annoyance**
[ənɔ́iəns] 어노이언스
n. 성가심, 불쾌감

□ **hate** [heit] 헤이트
n. 혐오, 증오

□ **rashness** [ræʃnis] 래시니스
n. 경솔함, 분별없음

□ **regret** [rigrét] 리그렛
n. 유감, 후회

□ **loneliness**
[lóunlinis] 로운리니스
n. 쓸쓸함, 적막함, 고독

□ **stress** [stres] 스트레스
  n. 압박, 긴장

□ **irritation** [ìrətéiʃən]
  이러테이션 n. 안달, 초조

□ **awfulness** [ɔ́:fəlnis] 오펄니스
  n. 두려운 것, 장엄함

□ **laugh** [læf] 래프 n. 웃음

□ **fun** [fʌn] 펀 n. 즐거움, 장난

□ **prejudice** [prédʒudis]
  프레쥬디스 n. 편견

□ **frustration** [frʌstréiʃ-ən]
  프러스트레이션 n. 좌절

□ **pride** [praid] 프라이드
  n. 자존심, 자만심

113

□ **calm** [kɑ:m] 캄 n.고요함, 냉정
□ **wisdom** [wízdəm] 위즈덤
  n. 현명함, 지혜

□ **thrill** [θril] 쓰릴
  n. 스릴, 전율, 떨림
□ **horror** [hɔ́:rər] 호러 n. 공포
□ **suffering** [sʌ́fəriŋ] 써퍼링
  n. 괴로움, 고통

□ **gladness** [glǽdnis]
  글래드니스 n. 기쁨
□ **humor** [hjú:mər] (휴)유머
  n. 유머, 해학

□ **interest** [íntərist] 인터리스트
  n. 관심, 흥미

□ **depression** [dipréʃən] 디프레션
  n. 의기소침, 우울

□ **temptation** [temptéiʃ-ən]
  템프테이션 n. 유혹

□ **freedom** [frí:dəm] 프리덤
  n. 자유, 해방

□ **honesty** [ánisti] 아니스티
  n. 정직, 성실

□ **truth** [tru:θ] 트루쓰 n. 진실, 진리

□ **tension** [ténʃ-ən] 텐션
  n. 팽팽함, 긴장

□ **appreciation** [əprì:ʃiéiʃən]
  어프리시에이션 n. 감사

〈관련어〉

□ **courage** [kə́:ridʒ] 커리쥐 n. 용기(정신력)

□ **Dutch courage** [dʌtʃ kə́:ridʒ]
더취커리쥐 n. 술김의 용기, 허세

□ **bravery** [bréivəri] 브레이버리 n. 용기(용감한 행위)

□ **ideal** [aidíːəl] 아이디얼 n. 이상, 이념

□ **ideal companion** [aidíːəl kəmpǽnjən]
아이디얼컴패니언 n. 이상적인 벗

□ **travel companion** [trǽv-əl kəmpǽnjən]
트래벌컴패니언 n. 여행의 길동무

□ **despair** [dispέər] 디스페어 n. 절망, 자포자기

□ **travels in the blue** [trǽv-əlz in ðə blu:]
트래벌즈인더블루 n. 백일몽, 방심

□ **blue mood** [blu:mu:d] 블루무드 n. 우울한 기분

□ **dispraise** [dispréiz] 디스프레이즈 n. 트집, 비난

□ **incompetence** [inkámpətəns] 인컴퍼턴스 n. 무능력

□ **heroism** [hérouìzəm] 헤로우이점 n. 영웅적자질(행위)

□ **cruelty** [krúːəlti] 크루얼티 n. 잔악함

□ **capacity** [kəpǽsəti] 커패서티 n. 능력, 재능

□ **function** [fʌ́ŋkʃən] 펑(크)션 n. 기능, 행사

□ **solitude** [sálitjùːd] 쌀리튜드 n. 고독, 외로움

□ **politeness** [pəláitnis] 펄라이트니스 n. 공손, 예의바름

□ **jealousy** [dʒéləsi] 젤러시 n. 질투, 시샘

□ **sincerity** [sinsérəti] 신쎄러티 n. 성실, 성의

□ **purity** [pjúərəti] 퓨어러티 n. 청정, 순수

□ **faith** [feiθ] 페이스 n. 신념

□ **confidence** [kánfidəns] 칸피던스 n. 신용, 자신

□ **diffidence** [dífidəns] 디피던스 n. 자신없음, 망설임

□ **fidelity** [fidéləti] 피델러티 n. 충실, 성실

□ **modesty** [mádisti] 마디스티 n. 겸손, 정숙

② 감정(Emotion)

□ **happy** [hǽpi] 해피
　a. 기쁜, 행복에 가득찬

□ **sad** [sæd]
쌔드 a. 슬픈

□ **hot** [hɑt] 핫 a. 격렬한, 더운
□ **cold** [kould] 코올드
　a. 냉정한, 차가운

□ **upset** [ʌpsét] 업셋
　a. 혼란한, 당황한

□ **sleepy** [slí:pi] 슬리피 a. 졸린
□ **tired** [taiə:rd] 타이어드 a. 피로한, 지친
□ **exhausted** [igzɔ́:stid]
　이그조스티드 a. 녹초가 된

□ **full** [ful] 풀
　　a. 배부른, 가득찬

□ **hungry** [hʌ́ŋgri]
헝그리 a. 배고픈

□ **surprised** [sərpráizd]
써프라이즈드 a. 깜짝 놀란

□ **ashamed**
[əʃéimd] 어셰임드
a. 부끄러이 여겨

□ **thirsty**
[θə́:rsti] 써스티
a. 목마른, 갈망하는

□ **nice** [nais] 나이스 a. 좋은, 인정많은
□ **fine** [fain] 파인 a. 훌륭한, 뛰어난
□ **good** [gud] 굳 a. 좋은, 친절한
□ **great** [greit] 그레이트
　　a. 큰, 중대한, 훌륭한

□ **crazy** [kréizi] 크레이지
   a. 미친, 열중한

□ **favorite** [féivərit] 페이버릿
   a. 마음에 드는

□ **fair** [fɛər] 페어
   a. 공평한, 정당한

□ **gentle** [ʤéntl] 젠틀
   a. 온화한, 점잖은

□ **polite** [pəláit] 펄라이트
   a. 공손한, 예의바른

□ **fantastic** [fæntǽstik] 팬태스틱
   a. 환상적인, 굉장한

□ **wonderful** [wʌ́ndəːrfəl] 원더펄
   a. 이상한, 훌륭한

□ **excellent** [éksələnt] 엑설런트
   a. 우수한, 훌륭한

□ **cruel** [krúːəl] 크루얼
a. 잔혹한, 무자비한

□ **terrible** [térəb-əl] 테러벌
a. 무서운, 가공할

□ **strong** [strɔ(ː)ŋ] 스트롱
a. 강한, 굳센

□ **weak** [wiːk] 위크
a. 약한, 무력한

□ **bored**
[bɔːrd] 보드
a. 싫증난, 지루한

□ **scared** [skɛəːrd] 스케어드
a. 무서워하는, 겁먹은

□ **true** [truː] 트루
a. 정말의, 진실한

□ **sick** [sik] 씩
a. 병의, 병에 걸린

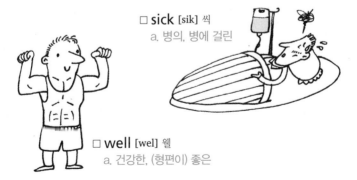

□ **well** [wel] 웰
a. 건강한, (형편이) 좋은

□ **sure** [ʃuər] 슈어 a. 틀림없는, 확실한

□ **certain** [sə́ːrtən] 써턴 a. 확신하는, 확실한

□ **perfect** [pə́ːrfikt] 퍼픽트
  a. 완전한, 결점이 없는

□ **compact** [kámpækt] 컴팩트
  a. 빽빽하게 찬, 아담한

□ **honest** [ánist] 아니스트 a. 정직한

□ **doubtful**
  [dáutfəl] 다우트펄
  a. 의심스러운, 확신을 못하는

□ **smart** [smɑːrt] 스마트
  a. 빈틈없는, 재치있는

□ **humorous**
  [hjúːmərəs] (휴)유머러스
  a. 유머가 풍부한

□ **foolish** [fúːliʃ] 풀리시
  a. 미련한, 바보같은

□ **disappointed** [dìsəpɔ́intid]
디서포인티드 a. 실망한, 낙담한

□ **confused** [kənfjúːzd]
컨퓨즈드 a. 당황한, 혼란한

□ **lonely** [lóunli] 로운리
a. 외로운, 고독한

□ **necessary**
[nésəsèri] 네서세리
a. 필요한, 필연적인

□ **rude** [ruːd] 루드
a. 버릇없는, 무례한

□ **free** [friː] 프리
a. 자유로운

□ **lazy** [léizi] 레이지
a. 게으른, 나태한

□ **diligent** [dílədʒənt] 딜러젼트
a. 근면한, 부지런한

□ **alive** [əláiv] 얼라이브
  a. 살아있는, 생생하여
□ **safe** [seif] 쎄이프 a. 안전한, 믿을 수 있는
□ **fresh** [freʃ] 프레시 a. 새로운, 생기있는

□ **mad** [mæd] 매드
  a. 미친, 열광적인
□ **false** [fɔːls] 폴스
  a. 그릇된, 거짓의

□ **brave** [breiv] 브레이브
  a. 용감한
□ **patient** [péiʃənt] 페이션트
  a. 인내심이 강한, 끈기있는

□ **shy** [ʃai] 샤이
  a. 소심한, 수줍어 하는
□ **faint** [feint] 페인트
  a. 약한, 기절할 것같은

□ **embarrassed**
  [imbǽrəst] 임배러스트
  a. 당황한, 당혹한

□ **dreamy** [drí:mi] 드리미 a. 꿈같은, 꿈많은
□ **real** [rí:-əl] 리얼 a. 진실의, 진짜의

□ **strange** [streindʒ]
스트레인쥐
a. 이상한, 야릇한

□ **curious** [kjúəriəs] 큐어리어스
a. 호기심있는, 진기한

□ **romantic** [roumǽntik] 로우맨틱 a. 로맨틱한, 공상적인
□ **busy** [bízi] 비지
a. 바쁜, 분주한

□ **famous** [féiməs]
페이머스 a. 유명한
□ **popular** [pápjələr]
파퓰러 a. 대중적인, 인기있는

□ **jealous** [dʒéləs] 젤러스 a. 질투심이 많은, 시샘하는
□ **stupid** [stjú:pid] 스투피드 a. 어리석은, 우둔한
□ **silly** [síli] 씰리 a. 분별없는, 바보같은

〈관련어〉

□ **rich** [ritʃ] 리취 a. 풍부한, 부유한

□ **poor** [puər] 푸어 a. 가난한, 불행한

□ **wealthy** [wélθi] 웰씨 a. 넉넉한, 풍부한

□ **complex** [kəmpléks] 컴플렉스 a. 복잡한

□ **simple** [símp-əl] 씸펄 a. 단순한, 간소한

□ **simple beauty** [símp-əl bjú:ti] 씸펄뷰티 n. 수수한 아름다움

□ **simple manners** [símp-əl mǽnə:rz]
씸펄매너즈 n. 순박한 태도

□ **lamented** [ləméntid] 러멘티드 a. 유감스러운

□ **sheer** [ʃiə:r] 쉬어 a. 순전한, 완전한

□ **conditional** [kəndíʃənəl] 컨디셔널 a. 조건부의

□ **unconditional** [ʌnkəndíʃənəl]
언컨디셔널 a. 무조건의, 절대적인

□ **unaware** [ʌnəwéər] 어너웨어
   a. 알지못하는, 눈치채지 못하는

□ **graceful apology** [gréisfəl əpálədʒi]
   그레이스펄어팔러쥐 n. 명쾌한 사죄

□ **welcome** [wélkəm] 웰컴 a. 환영받는, 고마운

□ **dear** [diər] 디어 a. 사랑하는, 소중한

□ **sorry** [sári] 싸리 a. 슬픈, 유감스러운

□ **hurt** [hə:rt] 허트 a. 다친

□ **hurt look** [hə:rt luk] 허트룩 n. 화난듯한 표정

□ **special** [spéʃəl] 스페셜 a. 특수한, 특별한

□ **splendid** [spléndid] 스플렌디드 a. 빛나는, 화려한

□ **gorgeous** [gɔ́:rdʒəs] 고져스 a. 호화로운, 찬란한

□ **glorious** [glɔ́:riəs] 글로리어스 a. 영광스러운

□ **distinct** [distíŋkt] 디스팅(크)트 a. 별개의, 뚜렷한

□ **vague** [veig] 베이그 a. 어렴풋한, 애매한

③ 행동(Motion)

- □ **activity** [æktívəti]
  액티버티 n. 활동, 행동
- □ **life** [laif] 라이프
  n. 생명, 생애

- □ **idea** [aidí:ə] 아이디어 n. 생각, 관념
- □ **pardon** [pá:rdn] 파든 n. 용서, 허용
- □ **advice** [ædváis] 애드바이스
  n. 충고, 조언
- □ **hope** [houp] 호웁 n. 희망, 기대
- □ **dream** [dri:m] 드림 n. 꿈

- □ **mystery** [míst-əri]
  미스터리 n. 신비, 불가사의
- □ **adventure** [ædvéntʃər]
  애드벤쳐 n. 모험(심)
- □ **luck** [lʌk] 럭
  n. 운, 행운

□ **duty** [djúːti] 듀티 n. 의무, 임무

□ **attention** [əténʃən] 어텐션 n. 주의, 주목

□ **test** [test] 테스트 n. 테스트, 검사

□ **act** [ækt] 액트 n. 소행, 행동

□ **proof** [pruːf] 프루프
　　n. 증명, 증거

□ **try** [trai] 트라이
　　n. 시험, 시도, 노력

□ **practice** [préktis]
　　프랙티스 n. 실행, 습관

□ **use** [juːs] 유스
　　n. 사용, 이용

□ **bath** [bæθ] 배쓰
　　n. 목욕, 욕조

□ **accent** [éksent] 액센트
　　n. 강조, 강세

□ **appointment** [əpɔ́intmənt]
　　어포인트먼트 n. 약속, 지명

□ **base** [beis] 베이스 n. 기초, 근거
□ **touch** [tʌtʃ] 터치 n. 접촉, 연락

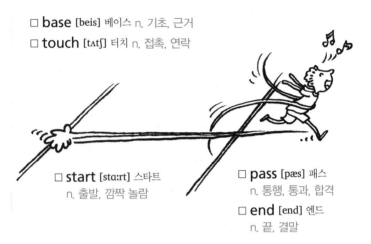

□ **start** [stɑːrt] 스타트
　　n. 출발, 깜짝 놀람

□ **pass** [pæs] 패스
　　n. 통행, 통과, 합격
□ **end** [end] 엔드
　　n. 끝, 결말

□ **control** [kəntróul]
　컨트로울 n. 지배, 통제
□ **battle** [bǽtl] 배틀
　　n. 전투, 전쟁

□ **failure** [féiljər] 페일러
　　n. 실패, 태만
□ **obedience** [oubíːdiəns]
　오우비디언스 n. 복종

☐ **cure** [kjuər] 큐어 n. 치료, 회복
☐ **rest** [rest] 레스트 n. 휴식, 안정
☐ **need** [ni:d] 니드 n. 필요

☐ **fight** [fait] 파이트 n. 싸움

☐ **study** [stʌ́di] 스터디
　　 n. 공부, 학습

☐ **note** [nout] 노우트
　 n. 기록, 각서

☐ **job** [dʒɑb] 쟙 n. 일, 직업
☐ **business** [bíznis] 비즈니스
　　 n. 사업, 용건
☐ **career** [kəríər] 커리어
　　 n. 경력, 생애

□ **aim** [eim] 에임 n. 목적
□ **plan** [plæn] 플랜 n. 계획
□ **choice** [tʃɔis] 쵸이스
　　n. 선택, 선정

□ **chance** [tʃæns] 챈스
　　n. 우연, 기회
□ **hurry** [hə́:ri] 허리
　　n. 매우 급함, 서두름
□ **game** [geim] 게임
　　n. 놀이, 경기
□ **sport** [spɔ:rt] 스포트 n. 스포츠, 경기

□ **fun** [fʌn] 펀
　　n. 장난, 즐거운 놀이
□ **copy** [kápi] 카피 n. 사본, 복사

□ **camp** [kæmp] 캠프
n. 야영지, 캠프

□ **story** [stɔ́:ri]
스토리 n. 이야기

□ **contest** [kántest] 칸테스트
n. 경쟁, 경연

□ **march** [mɑ:rtʃ]
마치 n. 행진, 행군

□ **lie** [lai] 라이
n. 거짓말, 허언

〈관련어〉

□ **leader** [líːdər] 리더 n. 선도자, 지도자

□ **liar** [láiər] 라이어 n. 거짓말쟁이

□ **dreamer** [dríːmər] 드리머 n. 몽상가

□ **naughty boy** [nɔ́ːti bɔi] 노티보이 n. 개구쟁이

□ **coward** [káuərd] 카우어드 n. 겁쟁이

□ **idler** [áidlər] 아이들러 n. 게으름뱅이

□ **optimism** [áptəmìzəm] 압터미점 n. 낙천주의

□ **pessimism** [pésəmìzəm] 페서미점 n. 염세주의

□ **active** [ǽktiv] 액티브 n. 활동가

□ **romanticism** [roumǽntəsìz-əm] 로우맨터시점 n. 낭만주의

□ **classicism** [klǽsəsìzəm] 클래서시점 n. 고전주의

□ **populism** [pápjəlìzəm] 파펄리점 n. 포플리즘

□ **fighter** [fáitər] 파이터 n. 투사

□ **fighter plane** [fáitər plein] 파이터플레인 n. 전투기

□ **fighter pilot** [fáitər páilət] 파이터파이럿 n. 전투기비행사

□ **patriot** [péitriət] 페이트리엇 n. 애국자

□ **socialist** [sóuʃəlist] 쏘우셜리스트 n. 사회주의자

□ **communist** [kámjənist] 카머니스트 n. 공산주의자

□ **democrat** [déməkræt] 데머크랫 n. 민주주의자

□ **dictator** [díkteitər] 딕테이터 n. 독재자

□ **dictatorship** [díkteitərʃip] 딕테이터쉽 n. 독재

□ **traveling** [trǽvliŋ] 트래블링 n. 여행

□ **movement** [múːvmənt] 무브먼트 n. 움직임

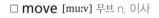

□ **move** [muːv] 무브 n. 이사

□ **apology** [əpálədʒi] 어팔러쥐 n. 사죄, 사과

□ **compliment** [kámpləmənt] 캄플러먼트 n. 칭찬

□ **change** [tʃeindʒ] 췌인쥐 n. 변화

□ **repair** [ripéəːr] 리페어 n. 수리, 수선

□ **cure** [kjuər] 큐어 n. 치료, 치료법

□ **practice** [prǽktis] 프랙티스 n. 실행, 연습

□ **leave** [liːv] 리브 n. 허가, 휴가

□ **permission** [pəːrmíʃən] 퍼미션 n. 허가, 면허

□ **farewell** [fɛərwél] 페어웰 n. 작별, 고별

□ **introduce** [ìntrədjúːs] 인트러듀스 vt. 소개하다

□ **set** [set] 쎗 v. 두다, 배치하다

□ **receive** [risí:v] 리씨브 v. 받다

□ **send** [send] 쎈드 v. 보내다

□ **return** [ritə́:rrn] 리턴 v. 되돌아가다, 돌려주다

□ **insert** [insə́:rt] 인써트 vt. 끼워넣다, 삽입하다

□ **transfer** [trænsfə́:r] 트랜스퍼 v. 옮기다, 갈아타다

□ **appear** [əpíər] 어피어 vi. 나타나다

□ **board** [bɔːrd] 보드 v. 탑승하다

□ **vote** [vout] 보우트 v. 투표하다

□ **remove** [rimú:v] 리무브 v. 제거하다, 옮기다

□ **invite** [inváit] 인바이트 vt. 초대하다, 초청하다

□ **protect** [prətékt] 프러텍트 v. 보호하다, 막다

□ **rent** [rent] 렌트 v. 빌리다

④ 성격(Personality)

□ **careful** [kéərfəl] 케어펄
  a. 주의 깊은, 조심성 있는
□ **careless** [kéərlis] 케어리스
  a. 부주의한, 무관심한

□ **talkative** [tɔ́:kətiv] 토커티브
  a. 수다스러운, 말많은
□ **rude** [ruːd] 루드
  a. 버릇없는, 무례한
□ **patient** [péiʃənt]
  페이션트 a. 인내심이 강한
□ **cold** [kould] 코울드 a. 냉정한, 차가운

□ **shy** [ʃai] 샤이
  a. 소심한, 부끄럼타는

□ **diligent** [dílədʒənt] 딜러젼트 a. 근면한 부지런한
□ **open-minded** [óupənmáindid]
  오우펀마인디드 a. 편견이 없는

☐ **jealous** [dʒéləs] 젤러스
a. 질투심이 많은

☐ **responsible** [rispánsəb-əl]
리스판서블 a. 책임있는

☐ **moody** [múːdi] 무디
a. 변덕스러운

☐ **stubborn**
[stʌ́bəːrn] 스터번
a. 완고한, 고집센

☐ **curious** [kjúəriəs]
큐어리어스 a. 호기심 있는

☐ **serious** [síːəriəs]
씨어리어스 a. 진지한

☐ **outgoing**
[áutgòuiŋ] 아우트고잉
a. 사교적인, 개방적인

☐ **sincere** [sinsíəːr]
씬씨어 a. 성실한

☐ **depressed**
[diprést] 디프레스트
a. 우울한, 의기소침한

☐ **wicked** [wíkid] 위키드
a. 심술궂은, 사악한

□ mild [maild] 마일드 a. 온화한
□ wise [waiz] 와이즈 a. 현명한, 슬기로운
□ honest [ánist] 아니스트 a. 정직한
□ modest [mádist] 마디스트 a. 겸손한
□ polite [pəláit] 펄라이트 a. 공손한, 예의바른

□ merry [méri] 메리
　a. 명랑한, 상냥한

□ brave [breiv]
　브레이브 a. 용감한

□ lazy [léizi] 레이지
　a. 게으른, 나태한
□ boring [bɔ́:riŋ] 보링
　a. 지루한, 따분한
□ stupid [stjú:pid]
　스튜피드 a. 어리석은

140

□ **generous** [ʤénərəs]
제너러스 a. 관대한

□ **delicate** [délikət]
델리컷 a. 섬세한

□ **credible** [krédəbəl] 크레더벌
a. 신용(신뢰)할 수 있는

□ **selfish** [sélfiʃ] 쎌
피시 a. 이기적인

□ **negative** [négətiv] 네거티브
a. 소극적인, 부정적인

□ **active** [ǽktiv] 액티브
a. 활동적인, 적극적인

□ **positive** [pázətiv] 파저티브
a. 긍정적인

〈관련어〉

□ **humble** [hʌ́mbəl] 험벌 a. 천한, 겸손한

□ **humble position** [hʌ́mbəl pəzíʃən] 험벌퍼지션 n. 낮은 지위

□ **humble request** [hʌ́mbəl rikwést]
험벌리퀘스트 n. 겸허한 요구

□ **innocent** [ínəsnt] 이너슨트 a. 무구한, 순진한

□ **unadorned** [ʌ̀nədɔ́ːrnd] 어너돈드 a. 꾸밈이 없는, 간소한

□ **plain** [plein] 플레인 a. 솔직한

□ **graceful** [gréisfəl] 그레이스펄 a. 품위있는

□ **elegant** [éligənt] 엘리건트 a. 기품있는

□ **mere** [miər] 미어 a. 단순한

□ **sharp** [ʃɑːrp] 샤프 a. 날카로운

□ **sharp temper** [ʃɑːrp témpər] 샤프템퍼 n. 날카로운 성미

□ **sharp reproof** [ʃɑːrp riprúːf] 샤프리프루프 n. 호된 질책

□ **dull** [dʌl] 덜 a. 둔감한

□ **noble** [nóub-əl] 노우벌 a. 고상한

□ **brief** [briːf] 브리프 a. 간결한

□ **usual** [júːʒuəl] 유쥬얼 a. 보통의, 평범한

□ **special** [spéʃ-əl] 스페셜 a. 특별한

□ **special occasion** [spéʃ-əl əkéiʒən]
스페셜어케이젼 n. 특별한 경우

□ **imposing** [impóuziŋ] 임포우징 a. 당당한

□ **imposing air** [impóuziŋ ɛər] 임포우징에어 n. 당당한 태도

□ **arrogant** [ǽrəgənt] 애러건트 a. 거만한

143

chapter 6 · 숫자(Number)

① 수(Number)

□ *cardinal number
[kάːrdənl nʌ́mbəːr] 카더늘 넘버
n. 기수

□ one [wʌn] 원 n. a. 하나(의)

□ two [tuː] 투 n. a. 둘(의)

□ three [θriː] 쓰리 n. a. 셋(의)

□ four [fɔːr] 포 n. a. 넷(의)

□ five [faiv] 파이브 n. a. 다섯(의)

□ six [siks] 씩스 n. a. 여섯(의)

□ seven [sév-ən] 쎄번 n. a. 일곱(의)

□ eight [eit] 에이트 n. a. 여덟(의)

□ **nine** [nain] 나인
　 n, a. 아홉(의)

□ **ten** [ten] 텐 n, a. 열(의)

□ **eleven** [ilévən] 일레번
　 n, a. 열하나(의)

□ **twelve** [twelv] 투엘브
　 n, a. 열둘(의)

□ **thirteen** [θə̀ːrtíːn] 써틴
　 n, a. 열셋(의)

□ **fourteen** [fɔ́ːrtíːn] 포틴
　 n, a. 열넷(의)

□ **fifteen** [fíftíːn] 피프틴
　 n, a. 열다섯(의)

□ **sixteen** [síkstíːn] 씩스틴
　 n, a. 열여섯(의)

□ **seventeen** [sév-əntíːn] 쎄번틴 n, a. 열일곱(의)
□ **eighteen** [éitíːn] 에이틴 n, a. 열여덟(의)

145

□ **nineteen** [náintí:n] 나인틴
n, a. 열아홉(의)

□ **twenty** [twénti] 투엔티
n, a. 스물(의)

□ **thirty** [θə́:rti] 써티 n, a. 서른(의)
□ **forty** [fɔ́:rti] 포티 n, a. 마흔(의)
□ **fifty** [fǐfti] 피프티 n, a. 쉰(의)
□ **sixty** [síksti] 씩스티 n, a. 예순(의)
□ **seventy** [sév-ənti] 쎄번티 n, a. 일흔(의)
□ **eighty** [éiti] 에이티 n, a. 여든(의)

□ **ninety** [náinti] 나인티 n. a. 아흔(의)
□ **hundred** [hʌ́ndrəd] 헌드레드 n. a. 백(의)
□ **thousand** [θáuz-ənd] 싸우전드 n. a. 천(의)
□ **million** [míljən] 밀리언 n. a. 백만(의)
□ **billion** [bíljən] 빌리언 n. a. 십억(의)

□ **trillion** [tríljən] 트릴리언 n. a. 1조(의)
□ **zillion** [zíljən] 질리언
　 n. a. (몇 조억이라는) 엄청난 수(의)

□ *ordinal number [ɔ́ːrdənəlnʌ́mbəːr] 오더널넘버 n. 서수

□ first [fəːrst] 퍼스트 n. a. 첫번째(의) (1st)
□ second [sék-ənd] 쎄컨드 n. a. 두번째(의) (2nd)
□ third [θəːrd] 써드 n. a. 세번째(의) (3rd)
□ fourth [fɔːrθ] 포쓰 n. a. 네번째(의) (4th)
□ fifth [fifθ] 피프쓰 n. a. 다섯(번)째(의) (5th)
□ sixth [siksθ] 씩스쓰 n. a. 여섯번째(의) (6th)

□ seventh [sév-ənθ] 쎄번쓰
   n. a.일곱번째(의) (7th)
□ eighth [eitθ] 에잇쓰
   n. a. 여덟번째(의) (8th)
□ ninth [nainθ] 나인쓰
   n. a. 아홉번째(의) (9th)
□ tenth [tenθ] 텐쓰 n. a. 열번째(의) (10th)

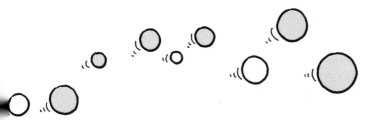

□ **eleventh** [ilévənə] 일레번쓰 n. a. 열한번째(의) **(11th)**
□ **twelfth** [twelfə] 투엘프쓰 n. a. 열두번째(의) **(12th)**
□ **thirteenth** [θəːrtíːnə] 써틴쓰 n. a. 열세번째(의) **(13th)**
□ **fourteenth** [fɔːrtíːnə] 포틴쓰 n. a.열네번째(의) **(14th)**
□ **fifteenth** [fĩftíːnə] 피프틴쓰 n. a. 열다섯번째(의) **(15th)**

□ **sixteenth** [sìkstíːnə] 씩스틴쓰 n. a. 열여섯번째(의) **(16th)**
□ **seventeenth** [sèv-əntíːnə] 쎄번틴쓰 n. a. 열일곱번째(의) **(17th)**
□ **eighteenth** [èitíːnə] 에이틴쓰 n. a.열여덟번째(의) **(18th)**
□ **nineteenth** [nàintíːnə] 나인틴쓰 n. a. 열아홉번째(의) **(19th)**
□ **twentieth** [twéntiiə] 투엔티이쓰
　 n. a. 스무번째(의) **(20th)**

□ **thirtieth** [θə́:rtiiθ] 써티이쓰 n. a.서른번째(의) **(30th)**
□ **fortieth** [fɔ́:rtiiθ] 포티이쓰 n. a.마흔번째(의) **(40th)**
□ **hundredth** [hʌ́ndrədθ] 헌드럿쓰 n. a. 백번째(의) **(100th)**
□ **thousandth** [θáuz-əndθ] 싸우전(드)쓰 n. a. 천번째(의)
□ **millionth** [míljənθ] 밀리언쓰 n. a. 백만번째(의)
□ **billionth** [bíljənθ] 빌리언쓰 n. a. 십억번째(의)

□ **once** [wʌns] 원스 ad. 한번
□ **twice** [twais] 트와이스 ad. 두 번
□ **three times** [θri:taimz] 쓰리타임즈 ad. 세 번, 세배
□ **addition** [ədíʃən] 어디션 n. 덧셈
□ **subtraction** [səbtrǽkʃən] 썹트랙션 n. 빼기, 뺄셈
□ **multiplication** [mʌ̀ltəplikéiʃ-ən]
　멀티플리케이션 n. 곱셈

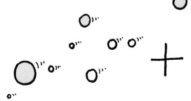

□ **division** [divíʒən] 디비젼 n. 나눗셈

□ **side** [said] 싸이드
　n. 면(앞뒤, 상하, 좌우, 안팎)

□ **straight** [streit]
　스트레이트 n. 일직선

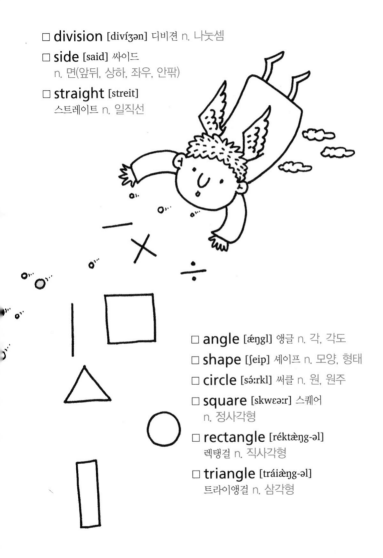

□ **angle** [ǽŋgl] 앵글 n. 각, 각도

□ **shape** [ʃeip] 세이프 n. 모양, 형태

□ **circle** [sə́:rkl] 써클 n. 원, 원주

□ **square** [skwɛə:r] 스퀘어
　n. 정사각형

□ **rectangle** [réktæ̀ŋg-əl]
　렉탱걸 n. 직사각형

□ **triangle** [tráiæ̀ŋg-əl]
　트라이앵걸 n. 삼각형

〈관련어〉

□ **time** [taim] 타임 n. 시간

□ **hour** [áuər] 아우어 n. 한시간, 시각

□ **o'clock** [əklák] 어클락 ad. ～시

□ **minute** [mínit] 미닛 n. (시간의)분

□ **second** [sék-ənd] 쎄컨드 n. 초

□ **week** [wi:k] 위크 n. 주, 1주간

□ **weekday** [wí:kdèi] 윅데이 n. 평일

□ **weekend** [wí:kènd] 위켄드 n. 주말

□ **last week** [læst wi:k] 래스트위크 n. 지난 주

□ **this week** [ðis wi:k] 디스위크 n. 이번 주

□ **next week** [nekst wi:k] 넥스트위크 n. 다음 주

□ **zero** [zí-ərou] 지어로우 n. 제로, 영

□ **ten million** [ten míljən] 텐밀리언 n. 천만

□ **one hundred million** [wʌn hʌ́ndrəd míljən]
  원헌드럿밀련 n. 일억

□ **odd number** [ɑd nʌ́mbə:r] 아드넘버 n. 홀수

□ **even number** [í:vən nʌ́mbə:r] 이번넘버 n. 짝수

□ **first** [fə:rst] 퍼스트 n. 처음

□ **end** [end] 엔드 n. 끝

□ **quarter** [kwɔ́ːrtər] 쿼터 n. 4분의1, 15분

□ **half** [hæf] 해프 n. 반, 절반

□ **count** [kaunt] 카운트 n. 계산

□ **double** [dʌ́bəl] 더블 n. 두배, 배

□ **deduct** [didʌ́kt] 디덕트 vt. 빼다

□ **add** [æd] 애드 v. 더하다

□ **divide** [diváid] 디바이드 v.나누다

□ **multiply** [mʌ́ltəplài] 멀터플라이 v. 곱하다

□ **oval** [óuvəl] 오우벌 n. 타원형

☐ **rhombus** [rámbəs] 람버스 n. 마름모

☐ **parallelogram** [pæ̀rəléləgræ̀m]
  패러렐러그램 n. 평행사변형

☐ **pentagon** [péntəgàn] 펜터간 n. 오각형

☐ **hexagon** [héksəgàn] 헥서간 n. 육각형

☐ **cube** [kju:b] 큐브 n. 정육면체

☐ **cylinder** [sílindər] 씰린더 n. 원통, 원기둥

☐ **cone** [koun] 코운 n. 원뿔

☐ **pyramid** [pírəmìd] 피러미드 n. 각뿔

☐ **sphere** [sfiə:r] 스피어 n. 구체, 구

❷ 달(Month)

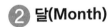 □ **January** [dʒǽnjuèri]
재뉴어리 n. 1월

 □ **February** [fébruèri]
페브루어리 n. 2월

□ **March** [mɑ:rtʃ]
마취 n. 3월

 □ **April** [éiprəl] 에이프럴 n. 4월

 □ **May** [mei] 메이 n. 5월

□ **June** [dʒu:n] 준 n. 6월

□ **November** [nouvémbə:r]
노우벰버 n. 11월

□ **December** [disémbər]
디쎔버 n. 12월

□ **October** [ɑktóubər]
악토우버 n. 10월

□ **September** [səptémbər]
썹템버 n. 9월

□ **August** [ɔ́:gəst] 오거스트 n. 8월

□ **July** [dʒu:lái] 쥴라이 n. 7월

〈관련어〉

□ **calendar** [kǽləndər] 캘린더 n. 달력

□ **Sunday** [sʌ́ndei] 썬데이 n. 일요일

□ **Monday** [mʌ́ndei] 먼데이 n. 월요일

□ **Tuesday** [tjúːzdei] 튜즈데이 n. 화요일

□ **Wednesday** [wénzdèi] 웬즈데이 n. 수요일

□ **Thursday** [θə́ːrzdei] 써즈데이 n. 목요일

□ **Friday** [fráidei] 프라이데이 n. 금요일

□ **Saturday** [sǽtəːrdèi] 쌔터데이 n. 토요일

□ **this week (year)** [ðis wiːk (jiə:r)]
디스위크(이어) n. 이번주(올해)

□ **last week(year)** [læst wiːk (jiə:r)]
래스트위크(이어) n. 지난 주(해)

□ **next week (year)** [nekst wiːk (jiə:r)]
넥스트위크(이어) n. 다음주(해)

□ **past** [pæst] 패스트 n. 과거

□ **present** [prézənt] 프레젼트 n. 현재

□ **future** [fjúːtʃəːr] 퓨쳐 n. 미래

□ **someday** [sʌ́mdèi] 썸데이 ad. 언젠가(미래)

□ **one day** [wʌn dei] 원데이 n. 어느날(과거)

□ **every year** [évriːjiəːr] 에브리이어 n. 매년

□ **half year** [hæf jiəːr] 해프이어 n. 반년

□ **the beginning of the month**
[ðə bigíniŋ əv ðə mʌnθ] 더비기닝업더먼쓰 n. 월초

□ **the end of the month** [ði end əv ðə mʌnθ]
디엔드업더먼쓰 n. 월말

□ **sometimes** [sʌ́mtàimz] 썸타임즈 ad. 때때로

□ **all the year round (long)** [ɔːl ðə jiəːr raund]
올더이어라운드(롱) ad. 일년내내

③ 공휴일(Holiday)과 특별한 날(Special day)

□ **birthday** [bə́:rədèi] 버쓰데이 n. 생일

□ **Lunar New Years Day**
[lú:nər nju:jiə:rs dei] 루너뉴이어스데이 n. 설날

□ **Korean Thanksgiving Day**
[kərí:ən θæ̀ŋksgíviŋ dei] 커리언쌩스기빙데이 n. 추석날

□ **Christmas** [krísməs] 크리스머스 n. 성탄절 (~Day)

□ **Valentines Day**
[vǽləntàinz dei] 밸런타인즈데이 n. 발렌타인데이

□ **The 60th birthday**
[ðə síkstiiθ bə́:rədèi] 더씩스티이쓰버쓰데이 n. 환갑

□ **Childrens Day** [tʃíldrənz dei] 칠드런즈데이 n. 어린이날

☐ **Arbor Day** [ɑ́:rbər dei] 아버데이 n. 식목일
☐ **Parents Day** [pέərənts dei] 페어런츠데이 n. 어버이날
☐ **anniversary** [æ̀nəvə́:rsəri] 애너버서리 n. 기념일
☐ **New Years (Day)** [nju: jə:rz (dei)] 뉴이어즈(데이) n. 신정
☐ **Independence Movement Day**
　[ìndipéndəns mú:vmənt dei] 인디펜던스무브먼트데이 n. 독립운동일

☐ **Independence Day**
　[ìndipéndəns dei] 인디펜던스데이 n. 광복절
☐ **Teachers Day** [tí:tʃə:rz dei] 티쳐즈데이 n. 스승의 날
☐ **Memorial Day** [mimɔ́:riəl dei] 미모리얼데이 n. 현중일
☐ **Constitution Day** [kὰnstətjú:ʃən dei]
　칸스터튜션데이 n. 제헌절
☐ **foundation Day** [faundéiʃ-ən dei] 파운데이셔데이 n. 개천절

161

- □ **Hangul Proclamation Day**
  [háːŋgul pràkləméiʃən dei] 한글프라클러메이션데이 n. 한글날
- □ **Halloween** [hæləwíːn] 핼러윈
  n. 모든 성인의 날 전야 (10월 31일)
- □ **100th day after birth** [hʌ́ndrədə dei ǽftər bəːrə]
  헌드럳쓰데이애프터버쓰 n. 백일

  - □ **the first birthday (anniversary)**
    [ðə fəːrst bə́ːrədèi (ǽnəvə́ːrsəri)]
    더퍼스트버쓰데이(애너버서리) n. 돌(돐)
  - □ **wedding anniversary** [wédiŋ ǽnəvə́ːrsəri]
    웨딩애너버서리 n. 결혼기념일

162

☐ **housewarming party** [háus wɔ́ːrmiŋ pɑ́ːrti]
하우스워밍파티 n. 집들이파티

☐ **surprise party** [sərpráiz pɑ́ːrti] 써프라이즈파티 n. 깜짝파티

☐ **farewell party** [fɛ̀ərwél pɑ́ːrti] 페어웰파티 n. 송별회

☐ **welcome party** [wélkəm pɑ́ːrti] 웰컴파티 n. 환영회

☐ **year-end party** [jíə:rénd pɑ́ːrti]
이어엔드파티 n. 송년회

☐ **Easter** [íːstər] 이스터 n. 부활절

☐ **summer solstice** [sʌ́mər sɑ́lstis]
써머쌀스티스 n. 하지

☐ **winter solstice** [wíntəːr sɑ́lstis] 윈터쌀스티스 n. 동지

☐ **lunar calendar** [lúːnər kǽləndər] 루너캘런더 n. 음력

☐ **solar calendar** [sóulər kǽləndər] 소울러캘런더 n. 양력

☐ **leap year** [líːp jíə:r] 리프이어 n. 윤년

163

〈관련어〉

- □ **family** [fǽməli] 패머리 n. 가족
- □ **parents** [pɛ́ərənts] 페어런츠 n. 양친
- □ **progenitor** [proudʒénətər] 프로우제너터 n. 조상
- □ **ancestor** [ǽnsestər] 앤세스터 n. 선조, 조상

- □ **descendant** [diséndənt] 디쎈던트 n. 자손
- □ **grandparents** [grǽndpɛ̀ərənts] 그랜드페어런츠 n. 조부모
- □ **sibling** [síbliŋ] 씨블링 n. 형제, 자매
- □ **relative** [rélətiv] 렐러티브 n. 친척

□ **cousin** [kΛzn] 커즌 n. 사촌

□ **nephew** [néfjuː] 네퓨 n. 조카

□ **niece** [niːs] 니스 n. 조카딸

□ **twins** [twinz] 트윈즈 n. 쌍둥이

□ **only child** [óunli tʃaild] 오운리챠일드 n. 외동아이

□ **eldest child** [éldist tʃaild] 엘디스트챠일드 n. 장자

□ **parents-in-law** [péərənts-in-lɔː]
페어런츠인로 n. 시부모(장인,장모)

□ **St. Patricks Day** [seint pǽtriks dei]
쎄인트패트릭스데이 n. 성패트릭 축일(아일랜드)

□ **Anzacs Day** [ǽnzæks dei] 앤잭스데이
n. 앤젝스 데이(오스트레일리아)

□ **Labor Day** [léibər dei] 레이버데이 n. 노동절

□ **Mothers Day** [mʌ́ðəːrz dei] 머더즈데이 n. 어머니날

□ **Thanksgiving Day** [θæŋks giving dei]
쌩스기빙데이 n. 추수감사절

□ **Columbus Day** [kəlʌ́mbəs dei]
컬럼버스데이 n. 콜럼버스기념일

□ **Veterans Day** [vétərəns dei]
베터런스데이 n. 재향군인의 날

PART 2.

업무
(Business)

chapter **1**

교통(Transportation)

1 탈것(Vehicle)

□ car [kɑ:r] 카 n. 자동차
(= automobile)
□ bus [bʌs] 버스 n. 버스

□ train [trein] 트레인 n. 열차, 기차
□ subway [sʌ́bwèi] 썹웨이 n. 지하철
□ express (train) [iksprés (trein)] 익스프레스(트레인) n. 급행열차
□ through train [θru: trein] 쓰루트레인 n. 직행열차
□ freight train [freit trein] 프레이트트레인 n. 화물열차
□ high-speed train [hai-spi:d trein]
하이스피드트레인 n. 고속열차

□ airplane [ɛ́ərplèin]
에어플레인 n. 비행기

□ **double-decker**
[dʌ́bəl-dékər] 더블데커 n. 이층버스

□ **tourist bus** [tú-ərist bʌs]
투어리스트버스 n. 관광버스

□ **motor scooter**
[móutər skú:tər]
모우터스쿠터 n. 스쿠터

□ **truck** [trʌk] 트럭
n. 트럭, 화물자동차

□ **ferry** [féri] 페리
n. (나룻)배, 연락선

□ **ship** [ʃip] 쉽 n. 배, 함(선)

□ **helicopter** [hélikɑ̀ptər]
헬리캅터 n. 헬리콥터

□ **camper** [kǽmpər] 캠퍼
　n. 캠프차(캠프트레일러)

□ **yacht** [jɑt]
　야트 n. 요트

□ **jeep** [dʒiːp] 지프 n. 지프

□ **bicycle** [báisikəl]
　바이시컬 n. 자전거

□ **motorcycle** [móutəːrsàikl]
　모우터싸이클 n. 오토바이

□ **convertible** [kənvə́ːrtəbəl]
　컨버터벌 n. (접는 포장이 달린)자동차, 오픈카

□ **dirt wagon** [dəːrt wǽgən]
　더트왜건 n. 청소차, 쓰레기운반차

〈관련어〉

☐ **bullet train** [búlit trein] 불릿트레인 n. 초특급 열차, 고속철

☐ **local train** [lóukəl trein] 로우컬트레인 n. 보통열차

☐ **slow train** [slou trein] 슬로우트레인 n. 완행열차

☐ **passenger train** [pǽsəndʒər trein] 패선져트레인 n. 여객열차

☐ **down train** [daun trein] 다운트레인 n. 하행열차

☐ **up train** [ʌp trein] 업트레인 n. 상행열차

☐ **taxi** [tǽksi] 택시 n. 택시

☐ **patrol car** [pətróul kɑːr] 퍼트로울카 n. 순찰차

☐ **stop** [stɑp] 스탑 n. 정거(정류)장

☐ **movement** [múːvmənt] 무브먼트 n. 이동

☐ **transportation** [trὰnspəːrtéiʃ-ən]
트랜스퍼테이션 n. 운송, 교통기관

☐ **transfer** [trænsfə́ːr] 트랜스퍼 v. 갈아타다, 환승하다

☐ **prohibition** [pròuhəbíʃən] 프로우허비션 n. 금지

☐ **rapid** [rǽpid] 래피드 a. 속도가 빠른

☐ **slowly** [slóuli] 슬로울리 ad. 천천히

☐ **arrive** [əráiv] 어라이브 vi. 도착하다

☐ **row** [rou] 로우 n. (노로 배를)젓다

☐ **land** [lænd] 랜드 v. 상륙하다, 착륙하다

② 도로(Road)

□ **railroad** [réilròud] 레일로우드 n. 철도
□ **railroad crossing** [réilròudkrɔ́:siŋ]
  레일로우드크러싱 n. 철도 건널목

□ **intersection** [ìntərsékʃən]
  인터쎅션 n. 교차점(로)
□ **crossroad** [krɔ:śròud]
  크로스로우드 n. 십자로. 네거리

□ **crosswalk** [krɔːs wɔ̀ːk] 크로스워크 n. 횡단보도
□ **sidewalk** [sáidwɔ̀ːk] 싸이드워크 n. 보도, 인도

□ **one-way street** [wʌ́nwéi striːt]
  원웨이스트리트 n. 일방통행로
□ **side street** [said striːt]
  싸이드스트리트 n. 골목, 옆길

173

- □ **dirt road** [dəːrt roud] 더트로우드 n. 비포장도로
- □ **national highway** [nǽʃənəl háiwèi] 내셔널하이웨이 n. 국도
- □ **boulevard** [bú(ː)ləvàːrd] 불러바드 n. 큰길, 대로
- □ **shortcut** [ʃɔːrtkʌ̀t] 쇼트컷 n. 지름길,

□ **underpass** [ʌ́ndərpæ̀s]
언더패스 n. 지하도
(= undercrossing)
□ **alley** [ǽli] 앨리 n. 뒷골목

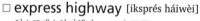

□ **express highway** [iksprés háiwèi]
익스프레스하이웨이 n. 고속도로

□ **crash barrier**
[kræʃ bǽriər] 크래시배리어
n. 가드레일, 고속방지턱

□ **hard shoulder**
[hɑːrd ʃóuldəːr] 하드쇼울더
n. (고속도로의)갓길

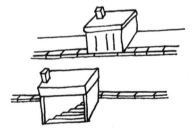

〈관련어〉

□ **traffic lìght** [trǽfik lait] 트래픽라이트
   n. (교통)신호등

□ **traffic law** [trǽfik lɔ:] 트래픽로 n. 교통법규

□ **traffic regulations** [trǽfik règjəléiʃ-ənz]
   트래픽레결레이션즈 n. 교통규칙

□ **traffic violation** [trǽfik vàiəléiʃən]
   트래픽바이얼레이션 n. 교통위반

□ **traffic volume** [trǽfik válju:m] 트래픽발륨 n. 교통량

□ **heavy traffic** [hévi trǽfik] 헤비트래픽 n. 극심한 교통량

□ **tollgate** [tóulgèit] 토울게이트 n. 통행료 징수소

□ **distant** [dístənt] 디스턴트 a. 거리가 먼

☐ **across** [əkrɔ́:s] 어크로스 ad. 가로 건너서

☐ **cross** [krɔ:s] 크로스 v. 건너다

☐ **detour** [dí:tuər] 디투어 n. 우회로, 둘러 가는 길

☐ **direction** [dirékʃən] 디렉션 n. 방향

☐ **danger** [déindʒər] 데인져 n. 위험

☐ **wrecker** [rékə:r] 레커 n. 견인차(=tow truck)

☐ **flat tíre** [flæt taiə:r] 플랫타이어 n. 펑크난 타이어

☐ **pneumatic** [njumǽtik] 뉴매틱
　　n. 공기가 든 타이어(고무타이어)

☐ **filling station** [fíliŋ stéiʃ-ne] 필링스테이션 n. 주유소

③ 부대시설 및 관련용어
(Subsidiary Facilities & Related Words)

□ **ticket window**
[tíkitwíndou]
티킷윈도우 n. 매표소

□ **fare** [fɛər] 페어 n. 운임

□ **advance** [ædvǽns] 애드밴스 n. 선불, 선금

□ **advance ticket** [ædvǽns tíkit]
애드밴스티킷 n. 예매권

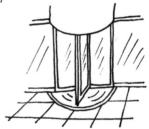

□ **turnstile** [tə́ːrnstàil] 턴스타일
n. 십자형 회전식 문, 회전식 문

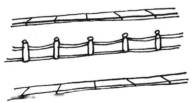

□ **median strip**
[míːdiən strip] 미디언스트립
n. 중앙분리대

□ **vending machine**
[véndiŋ məʃíːn] 벤딩머신
n. 자동판매기

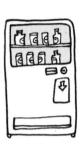

□ **bus stop** [bʌs stɑp] 버스스탑 n. 버스정류장

□ **taxi stand** [tǽksi stænd] 택시스탠드
　n. 택시승차장

□ **railroad station** [[réilròud stéiʃ-ən]
레일로우드스테이션 n. (철도)역

□ **parking lot** [pάːrkiŋ lɑt]
파킹랏 n. 주차장

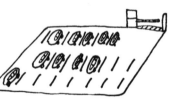

□ **gas station** [gæs stéiʃ-ən]
개스스테이션 n. 주유소

□ **traffic signal** [tréfik sígn-əl] 트래픽씨그널 n. 교통신호

□ **drivers license** [dráivərz láis-əns]
드라이버즈라이썬스 n. 운전면허(증)

□ **seat belt** [si:t belt]
씨트벨트 n. 안전벨트

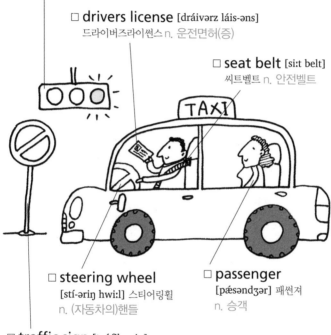

□ **steering wheel**
[stí-əriŋ hwi:l] 스티어링휠
n. (자동차의)핸들

□ **passenger**
[pǽsəndʒər] 패썬져
n. 승객

□ **traffic sign** [trǽfik sain]
트래픽싸인 n. 교통표지

☐ **fine** [fain] 파인 n. 벌금
☐ **speeding** [spí:diŋ] 스피딩
　 n. 속도위반

☐ **speed limit** [spi:d límit] 스피드리밋 n. 제한속도

☐ **pedestrian** [pədéstriən]
　 퍼데스트리언 n. 보행자

☐ **traffic jam** [træfik dʒæm] 트래픽잼 n. 교통혼잡(마비)

☐ **no entry** [nou éntri]
　 노우엔트리 n. 출입(진입)금지

〈관련어〉

□ **police station** [pəlíːs stéiʃ-ən]
폴리스스테이션 n. (지방)경찰서

□ **bridge** [bridʒ] 브릿쥐 n. 육교

□ **Main Street** [méinstrìːt] 메인스트리트 n. 큰거리, 중심가

□ **street fight** [striːt fait] 스트릿파이트 n. 시가전

□ **street peddler** [striːt pédlər] 스트릿페들러 n. 거리 행상인

□ **street band** [striːt bænd] 스트릿밴드 n. 거리악단

□ **high-rise** [haiˊ ráiz] 하이라이즈 n. 고층건물

□ **placard** [plǽkɑːrd] 플래카드 n. 플래카드, 현수막

□ **waiting room** [wéitiŋ rum] 웨이팅룸 n. 대합실

□ **ticket inspector** [tíkit inspéktər] 티킷인스펙터 n. 검표원

□ **one-way ticket** [wʌ́nwéi tíkit] 원웨이티킷 n. 편도승차권

chapter **1**
교통

☐ **roundtrip ticket** [raundtrip tíkit]
라운드트립티킷 n. 왕복승차권

☐ **excursion ticket** [ikskə́ːrʒən tíkit]
익스커젼티킷 n. 할인(단체)유람권

☐ **commutation ticket** [kàmjətéiʃən tíkit]
카머테이션티킷 n. 정기권

☐ **circular ticket** [sə́ːrkjələr tíkit] 써컬러티킷 n. 순회권

☐ **through ticket** [θruːtíkit] 쓰루티킷 n. 직행차표

☐ **fixed price** [fikst prais] 픽스트프라이스 n. 정가

☐ **public property** [pʌ́blik prápərti] 퍼블릭프라퍼티 n. 공공물

☐ **public safety** [pʌ́blik séifti] 퍼블릭쎄이프티 n. 치안

☐ **public document** [pʌ́blik dákjəmənt]
퍼블릭다큐먼트 n. 공문서

chapter 2

회사(Company)

① 사무실(Office)

□ **receptionist** [risépʃənist]
리셉셔니스트 n. 접수 담당자

□ **elevator** [éləvèitər]
엘러베이터 n. 엘리베이터
□ **automatic door**
[ɔ́:təmǽtik dɔ:r] 오터매틱도어
n. 자동문
□ **facility** [fəsíləti] 퍼씰러티 n. 설비, 시설
□ **revolving door** [riválviŋ dɔ:r] 리발빙도어 n. 회전문

□ **national holiday**
[nǽʃənál hálədèi] 내셔널할러데이
n. 국경일
□ **legal holiday** [líg-əl hálədèi]
리걸할러데이 n. 법정공휴일
□ **paid vacation** [peid veikéiʃən]
페이드베이케이션 n. 유급휴가

183

□ **smoking-room** [smóukiŋrù:m]
스모우킹룸 n. 흡연실

□ **smoke-free zone** [smoukˊfrì zoun]
스모우크프리조운 n. 금연구역

□ **equipment** [ikwípmənt]
이큅먼트 n. 장비, 비품

□ **file cabinet** [fail kǽbənit]
파일캐버닛 n. 서류정리함

□ **safe** [seif] 쎄이프 n. 금고

□ **drawer** [drɔ́:ər]
드로어 n. 서랍

□ **swivel chair**
[swívəl tʃɛər] 스위벌체어
n. 회전의자

〈관련어〉

□ **introduction** [ìntrədʌ́kʃən] 인트러덕션 n. 소개

□ **greeting** [grí:tiŋ] 그리팅 n. 인사

□ **mass production** [mæs prədʌ́kʃən]
매스프러덕션 n. 대량생산

□ **technology** [teknálədʒi] 테크날러쥐 n. 공업(과학)기술

□ **labor** [léibər] 레이버 n. 노동

□ **payment** [péimənt] 페이먼트 n. 지불

□ **profit** [práfit] 프라핏 n. 이익, 수익

□ **supplier** [səpláiər] 써플라이어 n. 공급자

□ **distributor** [distríbjətər] 디스트리뷰터
n. 유통업자, 도매상인

□ **income** [ínkʌm] 인컴 n. 수입, 소득

□ **outgo** [áutgòu] 아웃고우 n. 지출

□ **depression** [dipréʃən] 디프레션 n. 불경기

□ **prosperity** [prɑspérəti] 프라스페러티 n. 번영, 호황

□ **consumption** [kənsʌ́mpʃən] 컨섬프션 n. 소비

□ **expenditure** [ikspéndiʧər] 익스펜디쳐 n. 지출, 지불

□ **demand** [dimǽnd] 디맨드 n. 수요

□ **supply** [səplái] 써플라이 n. 공급

□ **debt** [det] 데트 n. 빚, 부채

□ **stock** [stɑk] 스탁 n. 주식

② 사무용품(Office supplies)

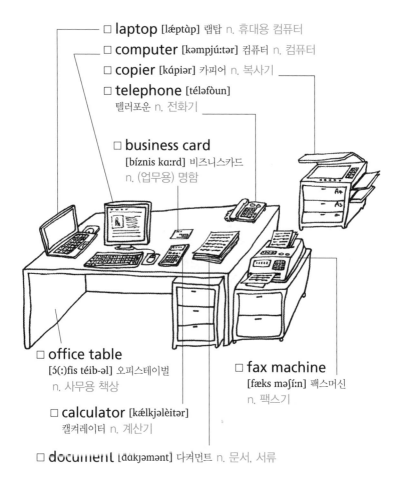

☐ **laptop** [lǽptàp] 랩탑 n. 휴대용 컴퓨터

☐ **computer** [kəmpjúːtər] 컴퓨터 n. 컴퓨터

☐ **copier** [kápiər] 카피어 n. 복사기

☐ **telephone** [téləfòun]
텔러포운 n. 전화기

☐ **business card**
[bíznis kɑːrd] 비즈니스카드
n. (업무용) 명함

☐ **office table**
[ɔ́(ː)fis téib-əl] 오피스테이벌
n. 사무용 책상

☐ **calculator** [kǽlkjəlèitər]
캘켜레이터 n. 계산기

☐ **document** [dɑ́kjəmənt] 다켜먼트 n. 문서, 서류

☐ **fax machine**
[fæks məʃíːn] 팩스머신
n. 팩스기

□ **mobile phone** [móubəl foun]
모우벌포운 n. 이동전화기(휴대폰)

□ **portable phone**
[pɔ́:rtəbəl foun] 포터벌포운
a. 이동(무선)전화기

□ **staple** [stéip-əl] 스테이펄
n. (호지키스의) 철침

□ **stapler** [stéiplə:r]
스테이플러 n. 호지키스

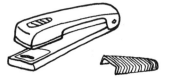

□ **marker** [má:rkə:r]
마커 n. 매직펜

□ **thumbtack** [θʌ́mtæk]
썸택 n. 압핀

☐ **stationery** [stéiʃ-ənèri] 스테이셔네리 n. 문방구

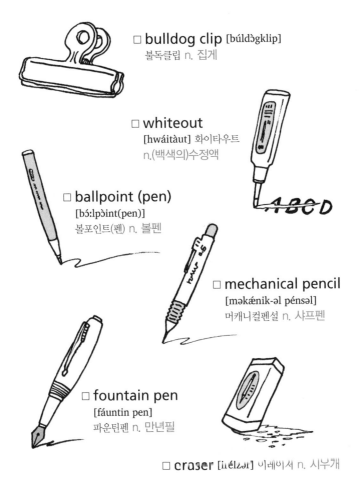

☐ **bulldog clip** [búldɔ̀gklip]
불독클립 n. 집게

☐ **whiteout**
[hwáitàut] 화이타우트
n.(백색의)수정액

☐ **ballpoint (pen)**
[bɔ́:lpɔ̀int(pen)]
볼포인트(펜) n. 볼펜

☐ **mechanical pencil**
[məkǽnik-əl pénsəl]
머캐니컬펜설 n. 샤프펜

☐ **fountain pen**
[fáuntin pen]
파운틴펜 n. 만년필

☐ **eraser** [iréizər] 이레이서 n. 지우개

〈관련어〉

□ **supply** [səplái] 써플라이 n. 재고품

□ **folder** [fóuldər] 포울더 n. 서류철, 폴더

□ **packman** [pǽkmən] 팩먼 n. 행상인(=peddler)

□ **packing paper** [pǽkiŋ péipər] 패킹페이퍼 n. 포장지

□ **partition** [pɑːrtíʃən] 파티션 n. 칸막이

□ **goods** [gudz] 굳즈 n. 물건, 상품

□ **convenience goods** [kənvíːnjəns gudz]
컨비니언스굳즈 n. 일용 잡화품

□ **consumer goods** [kənsúːmər gudz] 컨수머굳즈 n. 소비재

□ **wholesale** [hóulsèil] 호울쎄일 n. 도매

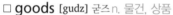

□ **retail** [rí:teil] 리테일 n. 소매

□ **quality** [kwáləti] 콸러티 n. 품질

□ **discount** [dískaunt] 디스카운트 n. 할인

□ **value** [vǽljuː] 밸류 n. 가치, 가격

□ **monopoly** [mənápəli] 머나펄리 n. 독점, 전매

□ **special price** [spéʃ-əl prais] 스페셜프라이스 n. 특가

□ **receipt** [risíːt] 리씨트 n. 영수증

□ **guest** [gest] 게스트 n. 손님

□ **merchant** [mə́ːrtʃənt] 머쳔트 n. 상인

③ 회의(Meeting)

☐ **meeting** [míːtiŋ] 미팅 n. 회의
☐ **meeting room** [míːtiŋ ruːm] 미팅룸 n. 회의실
☐ **agenda** [ədʒéndə] 어젠더 n. 안건, 의제

☐ **turnout** [tə́ːrnàut] 터나우트 n. 출석자
☐ **participant** [pɑːrtísəpənt] 파티서펀트 n. 참가자
☐ **pending questions** [péndiŋ kwéstʃənz]
　펜딩퀘스쳔즈 n. 현안의 문제

☐ **chart** [tʃɑːrt] 챠트 n. 도표
☐ **graph** [græf] 그래프 n. 그래프

☐ **pending the negotiations** [péndiŋ ðə nigòuʃiéiʃənz]
펜딩더니고우시에이션즈 n. 교섭중

☐ **discussion** [diskʌʃən] 디스커션 n. 토론, 심의

☐ **negotiation** [nigòuʃiéiʃən] 니고우시에이션 n. 협상, 교섭

☐ **contract** [kántrækt] 칸트랙트 n. 계약

□ **suggestion** [sədʒéstʃən] 써제스쳔 n. 제안
□ **conclusion** [kənklú:ʒən] 컨클루젼 n. 결말, 결론

□ **audience** [ɔ́:diəns] 오디언스 n. 청중
□ **session** [séʃ-ən] 쎄션 n. (일련의, 일정기간의)회의, 회기
□ **morning session** [mɔ́:rniŋ séʃ-ən] 모닝쎄션 n. 조회, 조찬

□ **conference** [kánfərəns] 칸퍼런스 n. 회담, (정기적인)회의
□ **convention** [kənvénʃən] 컨벤션 n. 집회, 대회, 회의
□ **board of directors** [bɔːrd ʌv diréktərz]
  보드어브디렉터즈 n. 이사(중역,임원)회

〈관련어〉

□ **export** [íkspɔːrt] 익스포트 n. 수출

□ **bounty** [báunti] 바운티 n. (수출)장려금

□ **trade** [treid] 트레이드 n. 무역

□ **sole bill** [soul bil] 쏘울빌 n. 단일어음

□ **customs duties** [kástəms djúːtiz] 커스텀스듀티즈 n. 관세

□ **order** [ɔ́ːrdər] 오더 n. 주문

□ **claim** [kleim] 클레임 n. 클레임, 요구, 주장

□ **cost** [kɔːst] 코스트 n. 비용

□ **exchange rate** [ikstʃéindʒ reit] 익스체인쥐레이트 n. 환율

□ **exchange bank** [ikstʃéindʒ bæŋk]
익스체인쥐뱅크 n. 외환은행

□ **quotation** [kwoutéiʃən] 쿼우테이션 n. 시세, 가격표

□ **stock exchange** [stɑk ikstʃéindʒ]
스탁익스체인쥐 n. 증권 거래소

□ **offer** [ɔ́(:)fər] 오퍼 n. 제언, 제의

□ **commission** [kəmíʃən] 커미션 n. 수수료

□ **freight** [freit] 프레이트 n. 화물

□ **sale** [seil] 쎄일 n. 매상

□ **smuggled goods** [smʌ́g-əld gudz] 스머걸드굳즈 n. 밀수품

□ **confiscation** [kánfiskèiʃən] 칸피스케이션 n. 몰수

④ 회사(Company)

- □ **interview** [íntərvjùː] 인터뷰 n. 면접
- □ **resume** [rèzuméi] 레주메이 n. 이력서
- □ **employment** [emplɔ́imənt] 엠플로이먼트 n. 고용

□ **work** [wəːrk] 워크 n. 일, 노동

- □ **salary** [sǽləri] 쌜러리 n. 봉급
- □ **bonus** [bóunəs] 보우너스
  n. 보너스, 상여금

□ **attendance** [əténdəns]
어텐던스 n. 출근

□ **absence** [ǽbsəns]
앱선스 n. 결근

□ **promotion** [prəmóuʃən]
프러모우션 n. 승진

□ **retirement** [ritáiə:rmənt]
리타이어먼트 n. 은퇴

□ **pension** [pénʃən] 펜션 n. 연금
□ **annuitant** [ənjú:ətənt]
어뉴어턴트 n. 연금수령인

□ **resignation** [rèzignéiʃ-ən]
레지그네이션 n. 사직

□ **establishment** [istǽbliʃmənt] 이스태블리시먼트 n. 설립, 창립
□ **headquarters** [heɗkwɔ̀:rtərz] 헤드쿼터즈 n. 본사, 본부

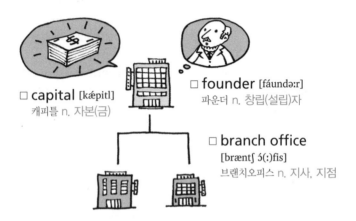

□ **capital** [kǽpitl]
캐피틀 n. 자본(금)

□ **founder** [fáundə:r]
파운더 n. 창립(설립)자

□ **branch office**
[bræntʃ ɔ́(:)fis]
브랜치오피스 n. 지사, 지점

□ **day off** [dei ɔf] 데이오프 n. 비번일, 휴일
□ **sick leave** [sik li:v] 씩리브 n.병가

□ **employer** [emplɔ́iər]
엠플로이어 n. 고용주

□ **employee** [implɔ́ii:]
일플로이이 n. 고용인, 종업원

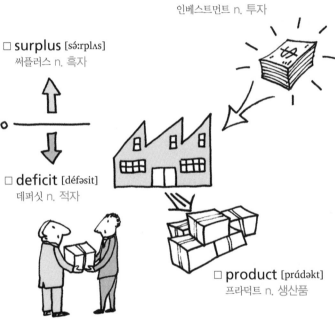

□ **management** [mǽnidʒmənt]
매니쥬먼트 n. 관리, 경영

□ **investment** [invéstmənt]
인베스트먼트 n. 투자

□ **surplus** [sə́:rplʌs]
써플러스 n. 흑자

□ **deficit** [défəsit]
데퍼싯 n. 적자

□ **product** [prádəkt]
프라덕트 n. 생산품

□ **transaction** [trænsǽkʃ-ən]
트랜쌕션 n. (업무)처리, 거래

□ **bankruptcy** [bǽŋkrəpsi]
뱅크럽시 n. 파산

□ **merger** [mə́:rdʒər]
머져 n. 합병

〈관련어〉

□ **agriculture** [ǽgrikʌ̀ltʃər] 애그리컬쳐 n. 농업

□ **fishing** [fíʃiŋ] 피싱 n. 어업

□ **fishing boat** [fíʃiŋ bout] 피싱보우트 n. 고기잡이 배, 낚싯배

□ **fishing farm** [fíʃiŋ fɑːrm] 피싱팜 n. 양식장

□ **fishing ground** [fíʃiŋ graund] 피싱그라운드 n. 어장

□ **forestry** [fɔ́(ː)ristri] 포리스트리 n. 임업, 산림관리

□ **farm** [fɑːrm] 팜 n. 농장

□ **poultry farm** [póultri fɑːrm] 포울트리팜 n. 양계장

□ **mining** [máiniŋ] 마이닝 n. 광업

□ **harvest** [háːrvist] 하비스트 n. 수확

□ **fertilizer** [fə́:rtəlàizər] 퍼틸라이저 n. 비료

□ **crop** [krɑp] 크랍 n. 농작물

□ **ranch** [ræntʃ] 랜취 n. 목장

□ **livestock** [láivstɑ̀k] 라이브스탁 n. 가축

□ **livestock farming** [láivstɑ̀k fá:rmiŋ]
라이브스탁파밍 n. 목축(업)

□ **seed** [si:d] 씨드 n. 씨(앗)

□ **orchard** [ɔ́:rtʃərd] 오쳐드 n. 과수원

□ **factory** [fǽktəri] 팩터리 n. 공장

□ **saltpan** [sɔ́:ltpæ̀n] 쏠트팬 n. 염전

□ **breeding** [brí:diŋ] 브리딩 n. 양식

□ **shipment** [ʃípmənt] 쉽먼트 n. 선적, 출하

⑤ 지위(Position)

□ **CEO**(chief executive officer)
[síːiːou] 씨이오우 n. 최고경영자

□ **chairman** [tʃɛərmən]
췌어먼 n. 회장

□ **president** [prézidənt]
프레지던트 n. 사장

□ **executive director**
[igzékjətivdiréktər]
이그제커티브디렉터 n. 전무이사

□ **managing director**
[mǽnidʒiŋdiréktər]
매니징디렉터 n. 상무이사

□ **supervisor**
[súːpərvàizər] 수퍼바이저
n. 관리(감독)자

□ **director** [diréktər]
디렉터 n. 장, 관리자

□ **vice-president**
[váisprézədənt]
바이스프레저던트 n. 부사장

□ **department (general) manager**
[dipá:rtmənt mǽnidʒə:r] 디파트먼트매니저 n. 부장

□ **section(al) chief** [sékʃ-ən tʃi:f] 쎅션치프 n. 과장

□ **deputy** [dépjəti] 데퍼티 n. 대리

□ **assistant** [əsístənt]
어시스턴트 n. 조수, 보조자

□ **secretary** [sékrətèri]
쎄크러테리 n. 비서

□ **colleague** [káli:g]
칼리그 n. 동료

□ **newcomer** [njú:kÀmə:r]
뉴카머 n. 신입사원

□ **boss** [bɔ(:)s] 보스 n. 상사

□ **staff** [stæf] 스태프 n. 직원

〈관련어〉

☐ **subordinate** [səbɔ́:rdənit] 썹오더닛 n. 부하, 아랫사람

☐ **workaholic** [wə̀:rkəhɔ́:lik] 워커홀릭 n. 일벌레, 일중독

☐ **clerk** [klə:rk] 클럭 n. 사원

☐ **head clerk** [hed klə:rk] 헤드클럭 n. 사무장

☐ **unemployment** [ʌ̀nemplɔ́imənt]
언엠플로이먼트 n. 실업, 실직

☐ **lay off** [lei ɔ:f] 레이오프 v. 감원하다

☐ **fire** [faiər] 파이어 v. 해고하다

☐ **organization** [ɔ̀:rgənizéiʃən] 오거니제이션 n. 조직, 편성

□ **structure** [strʌ́ktʃər] 스트럭쳐 n. 구조, 구성

□ **system** [sístəm] 씨스텀 n. 체계, 계통

□ **workplace** [wə́:rkplèis] 워크플레이스 n. 일터, 작업장

□ **labor union** [léibər jú:njən] 레이버유니언 n. 노동 조합

□ **allowance** [əláuəns] 얼라우언스 n. 수당, 급여

□ **business card** [bíznis kɑːrd] 비즈니스카드 n. 업무용 명함

□ **get a job** [get ə dʒɑb] 겔어쟙 v. 취직하다

□ **leave the office** [liːv ði ɔ́(:)fis] 리브디오피스 v. 퇴직하다

□ **get a raise** [get ə reiz] 겔어레이즈 v. 월급이 오르다

⑥ 부서(Department)

□ section [sékʃ-ən] 쎅션 n. 과
□ audit department [ɔ́:dit dipá:rtmənt]
오딧디파트먼트 n. 감사부

□ planning department
[plǽniŋ dipá:rtmənt]
플래닝디파트먼트 n. 기획부

□ accounting department
[əkáuntiŋ dipá:rtmənt]]
어카운팅디파트먼트 n. 경리부

□ **general affairs department**
[ʤénərəl əféərz dipá:rtmənt]
제너럴어페어즈디파트먼트 n. 총무부

□ **personnel department**
[pə̀:rsənél dipá:rtmənt] 퍼서넬디파트먼트 n. 인사부

□ **sales department**
[seilz dipá:rtmənt]
쎄일즈디파트먼트 n. 영업부

□ **secretariat** [sèkrətɛ́-əriət]
쎄크러테어리엇 n. 비서실

〈관련어〉

□ **conversation** [kὰnvərséiʃən] 칸버쎄이션 n. 회화, 대화

□ **gesture** [ʤéstʃər] 제스쳐 n. 몸짓

□ **fine gesture** [fain ʤéstʃər] 파인제스쳐 n. 아량, 관용

□ **argument** [ɑ́ːrgjəmənt] 아규먼트 n. 논의, 언쟁

□ **attitude** [ǽtitjùːd] 애티튜드 n. 태도

□ **apology** [əpɑ́ləʤi] 어팔러쥐 n. 사죄, 사과

□ **accents** [ǽksents] 액센츠 n. 어조, 어투

□ **dialect** [dáiəlèkt] 다이어렉트 n. 사투리

□ **relationship** [riléiʃ-ənʃip] 릴레이션쉽 n. 관계

□ **invitation** [invətéiʃən] 인버테이션 n. 초대

□ **opinion** [əpínjən] 어피니언 n. 의견, 견해

☐ **deal** [di:l] 딜 n. 거래

☐ **co-worker** [kóuwə̀:rkər] 코우워커
　n. 협력자, 동료(=fellow worker)

☐ **topic** [tápik] 타픽 n. 화제, 주제

☐ **information** [ìnfərméiʃən] 인퍼메이션 n. 정보

☐ **right** [rait] 라이트 n. 권리

☐ **obligation** [àbləgéiʃən] 아블러게이션 n. 의무

☐ **responsibility** [rispànsəbíləti] 리스판서빌러티 n. 책임

☐ **co(-)operation** [kouàpəréiʃən] 코우아퍼레이션 n. 협력, 협동

☐ **company opinion** [kʌ́mpəni əpínjən]
　컴퍼니어피니언 n. 다수의견

chapter 3

직업(Occupation)

□ **judge** [dʒʌdʒ] 져쥬 n. 판사
□ **public prosecutor**
   [[pʌ́blik prásəkjùːtər]
   퍼블릭프라서큐터 n. 검사
□ **lawyer** [lɔ́ːjəːr] 로이여
   n. 법률가, 변호사

□ **professor** [prəfésər]
   프러페서 n. 교수
□ **teacher** [tíːtʃəːr]
   티쳐 n. 교사

□ **soldier** [sóuldʒəːr]
   쏘울져 n. (육군)군인

□ **singer** [síŋəːr]
   씽어 n. 가수

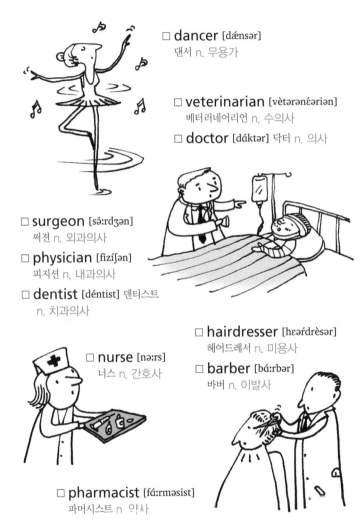

□ **dancer** [dǽnsər]
댄서 n. 무용가

□ **veterinarian** [vètərənéəriən]
베터러네어리언 n. 수의사

□ **doctor** [dáktər] 닥터 n. 의사

□ **surgeon** [sə́:rdʒən]
써젼 n. 외과의사

□ **physician** [fizíʃən]
피지션 n. 내과의사

□ **dentist** [déntist] 덴티스트
n. 치과의사

□ **hairdresser** [hɛə́rdrèsər]
헤어드레서 n. 미용사

□ **barber** [bá:rbər]
바버 n. 이발사

□ **nurse** [nə:rs]
너스 n. 간호사

□ **pharmacist** [fá:rməsist]
파머시스트 n 약사

213

□ **cook** [kuk] 쿡 n. 요리사
□ **baker** [béikər] 베이커 n. 제빵사

□ **taxi driver** [tǽksidráivər]
택시드라이버 n. 택시기사

□ **writer** [ráitə:r] 라이터 n. 작가
□ **novelist** [návəlist]
나벌리스트 n. 소설가

□ **fisherman** [fíʃərmən]
피셔먼 n. 어부

□ **farmer** [fáːrmər] 파머 n. 농부

□ **homemaker**
[hoummèikər] 호움메이커
n. 주부 (= housewife)

□ **housekeeper**
[hauskìːpər] 하우스키퍼
n. 가정부

□ **reporter** [ripɔ́ːrtəːr]
리포터 n. 보도기자

□ **carpenter** [káːrpəntər]
카펀터 n. 목수

215

☐ **physicist** [fízisist]
피지시스트 n. 물리학자

☐ **scientist** [sáiəntist]
싸이언티스트 n. 과학자

☐ **chemist** [kémist]
케미스트 n. 화학자

☐ **astronaut** [ǽstrənɔ̀ːt]
애스터러노트 n. 우주비행사

☐ **president**
[prézidənt] 프레지던트
n. 대통령

☐ **sanitation worker**
[sæ̀nətéiʃ-ən wə́ːrkəːr]
쌔너테이션워커 n. 청소원

☐ **public officer** [pʌ́blik ɔ́(ː)fisər]
퍼블릭오피서 n. 공무원

☐ **fire fighter** [faiər fáitər]
파이어파이터 n. 소방관

☐ **policeman** [pəlíːsmən]
펄리스먼 n. 경찰관

□ **pilot** [páilət]
파일럿 n. 조종사

□ **stewardess**
[stjú:ərdis] 스튜어디스
n. 스튜어디스(여승무원)

□ **steward** [stjú:ərd] 스튜어드
n. 스튜어드(남자승무원)

□ **conductor** [kəndʌ́ktər]
컨덕터 n. (음악)지휘자

□ **musician** [mju:zíʃ-ən]
뮤지션 n. 음악가

□ **architect** [ɑ́:rkitèkt]
아키텍트 n. 건축가

□ **businessman** [bíznismæ̀n]
비즈니스맨 n. 실업가

□ **messenger** [mésəndʒər]
메선저 n. 배달인

□ **artist** [ɑ́:rtist]
아티스트 n. 화가

□ **composer** [kəmpóuzər]
컴포우저 n. 작곡가

□ **actor** [ǽktər] 액터 n. 남자배우

□ **actress** [ǽktris]
액트리스 n. 여자배우

□ **director** [diréktər]
디렉터 n. (영화)감독

□ **accountant** [əkáuntənt]
어카운턴트 n. 회계사

□ **interpreter** [intə́:rprətər]
인터프러터 n. 통역(자)

□ **priest** [pri:st]
프리스트 n. 성직자

□ **translator** [trænsléitər]
트랜스레이터 n. 번역가

□ **comedian** [kəmíːdiən]
커미디언 n. 코미디언, 희극배우

□ **announcer** [ənáunsər]
어나운서 n. 아나운서

□ **engineer** [èndʒəníər]
엔저니어 n. 엔지니어, 기사

□ **designer** [dizáinər]
디자이너 n. 디자이너

□ **diplomat** [dípləmæt]
디플러매트 n. 외교관

□ **detective** [ditéktiv]
디텍티브 n. 탐정, 형사

〈관련어〉

□ **banker** [bǽŋkər] 뱅커 n. 은행가

□ **company employee** [kámpəni èmplɔiíː]
컴퍼니엠플로이이 n. 회사원

□ **company commander** [kámpəni kəmǽndər]
컴퍼니커맨더 n. 중대장

□ **company first sergeant**
[kámpəni fəːrst sáːrdʒ-ənt] 컴퍼니퍼스트써젼트
n. 중대 선임하사

□ **company sergeant major**
[kámpəni sáːrdʒ-ənt méidʒəːr] 컴퍼니써젼트메이져
n. 중대 선임상사

□ **sergeant** [sáːrdʒ-ənt] 써젼트 n.하사관

□ **major** [méidʒəːr] 메이져 n. 소령

□ **lieutenant colonel** [lu:ténənt kə́:rnəl]
루테넌트커널 n. 중령

□ **colonel** [kə́:rnəl] 커널 n. 대령

□ **second lieutenant** [sék-ənd lu:ténənt]
쎄컨드루테넌트 n. 소위

□ **lieutenant** [lu:ténənt] 루테넌트 n. 중위

□ **duty officer** [djú:ti ɔ́(:)fisər] 듀티오피서 n. 당직장교

□ **captain** [kǽptin] 캡틴 n. 대위

□ **government official** [gʌ́vərnmənt əfíʃəl]
거번먼트어피셜 n. 정부 고관, 당국자

□ **government position**
[gʌ́vərnmənt pəzíʃən] 거번먼트퍼지션 n. 공직

□ **entertainer** [èntərtéinər] 엔터테이너 n. 예능인

□ **worker** [wə́:rkə:r] 워커 n. 노동자

□ **athlete** [ǽθliːt] 애쓸리트 n. 운동가

□ **chef** [ʃef] 쉐프 n. 주방장, 요리사

□ **author** [ɔ́:θər] 오써 n. 저자, 작가

□ **journalist** [dʒə́:rnəlist] 져널리스트 n. 저널리스트

□ **editor** [édətər] 에더터 n. 편집자

□ **painter** [péintər] 페인터 n. 화가

□ **sculptor** [skʌ́lptə:r] 스컬프터 n. 조각가

□ **baby-sitter** [béibisìtər] 베이비시터 n. 베이비시터(보모)

□ **chiropodist** [kirápədist] 키라퍼디스트 n. 손발 치료 전문의사

□ **dirt farmer** [də:rt fá:rmər] 더트파머 n. 자작농

□ **gentleman-farmer** [ʤéntlmən-fá:rmər]
젠틀먼파머 n. 농장 경영자

□ **dairy** [déəri] 데어리 n. 낙농장, 낙농업

□ **oriental medicine doctor**
[ɔ̀:riéntl médəs-ən dáktər] 오리엔틀메더선닥터 n. 한의사

chapter 4 · 학교(School)

1 조직(Organization)

□ **kindergarten** [kíndərgàːrtn]
킨더가튼 n. 유치원

□ **elementary school** [èləméntəri skuːl]
엘러멘터리스쿨 n. 초등학교

□ **junior high school**
[dʒúːnjər hai skuːl]
쥬니어하이스쿨 n. 중학교

□ **senior high school**
[síːnjər hai skuːl]
씨니어하이스쿨 n. 고등학교

□ **playground** [pléigràund]
플레이그라운드 n. 운동장

□ **auditorium** [ɔ̀ːditɔ́ːriəm]
오디토리엄 n. 강당

□ **gymnasium** [dʒimnéiziəm]
짐네이지엄 n. 체육관

□ **infirmary** [infə́ːrməri]
인퍼머리 n. 양호실

□ **school cafeteria** [skuːl kæ̀fitíəriə]
스쿨캐피티어리어 n. 학교식당

☐ **college** [kálidʒ] 칼리지 n. 단과대학

☐ **university** [jùːnəvə́ːrsəti]
유너버서티 n. 종합대학

☐ **graduate school** [grǽʤuèit skuːl]
그래쥬에잇스쿨 n. 대학원

☐ **dormitory** [dɔ́ːrmətəri]
도머터리 n. 기숙사

☐ **library** [láibrəri]
라이브러리 n. 도서관

☐ **resting room** [réstiŋ rum]
레스팅룸 n. 휴게실

☐ **lecture room**
[léktʃəːr rum]
렉쳐룸 n. 강의실

☐ **faculty room** [fǽkəlti rum] 패컬티룸 n. 교무실(교직원실)

☐ **laboratory** [lǽb-ərətɔːrɪ] 래버러토리 n. 실험실

225

〈관련어〉

☐ **preschool** [príːskùːl] 프리스쿨 n. 유치원

☐ **middle school** [mídl skuːl] 미들스쿨 n. 중학교

☐ **high school** [hai skuːl] 하이스쿨 n. 고등학교

☐ **college boards** [kálidʒ bɔ́ːrdz]
칼리쥐보(드)즈 n. (미)대학 입학시험

☐ **cram** [kræm] 크램 n. 주입식 공부

☐ **childcare center** [tʃaildkɛ̀ər séntər]
챠일드케어쎈터 n. 보육원, 어린이 집

☐ **academy** [əkǽdəmi] 어캐더미 n. 학원

☐ **lifelong education** [láiflɔ̀(ː)ŋ èdʒukéiʃən]
라이프롱에쥬케이션 n. 평생교육

☐ **social welfare** [sóuʃəl wélfɛ̀ər] 쏘우셜 웰페어 n. 사회복지

☐ **cultural science** [kʌ́ltʃərəl sáiəns]
컬츄럴 싸이언스 n. 인문과학

□ **medical school** [médik-əl sku:l] 메디컬스쿨 n. 의학부

□ **law school** [lɔ:sku:l] 로스쿨 n. 법학부(대학원)

□ **language school** [læŋgwidʒ sku:l] 랭귀쥐스쿨 n. 어학원

□ **language translator** [læŋgwidʒ trænsléitər]
  랭귀쥐트랜스레이터 n. 언어번역기

□ **language laboratory** [læŋgwidʒ læb-ərətɔ̀:ri]
  랭귀쥐래버러토리 n. 어학실습실

□ **chemical laboratory** [kémikəl læb-ərətɔ̀:ri]
  케미컬래버러토리 n. 화학실험실

□ **campus activities** [kæmpəs æktívətiz]
  캠퍼스액티버티즈 n. 학생활동

□ **campus life** [kæmpəs laif] 캠퍼스라이프 n. 대학생활

□ **teachers college** [tí:tʃəːrz kálidʒ]
  티쳐즈칼리쥐 n. 교육대학

② 교실(Classroom)

□ **education** [èdʒukéiʃən]
에쥬케이션 n. 교육

□ **class** [klæs] 클래스 n. 학급

□ **grade** [greid] 그레이드 n. (초,중,고등학교의) 학년

□ **examination** [igzæmənéiʃən]
이그재머네이션 n. 시험

□ **term paper** [tə:rm péipər]
텀페이퍼 n. 학기말 레포트

□ **homework** [houmwə̀rk]
호움워크 n. 숙제

□ **scholarship** [skálə:rʃip]
스칼러십 n. 장학금

□ **report card** [ripɔ́:rt kɑ:rd]
리포트카드 n. 성적표

□ **transcript** [trǽnskript]
트랜스크립트 n. 성적증명서

□ **tuition** [tju:íʃ-ən] 튜이션 n. 수업료
□ **diploma** [diplóumə] 디플로우머 n. 졸업증서

□ **lesson** [lésn] 레쓴 n. 수업
□ **curriculum** [kəríkjələm]
　커리큘럼 n. 교육과정

□ **semester** [siméstər] 씨메스터 n. 한학기

□ **reference book**
　[réf-ərəns buk]
　레퍼런스북 n. 참고서적

□ **textbook** [tékstbùk] 텍스트북 n. 교과서
□ **major** [méidʒəːr] 메이져 n. 전공과목
□ **degree** [digrí:] 디그리 n. 학위

□ **credit** [krédit] 크레딧 n.(이수)단위, 학점
□ **yearbook** [ʃíəːrbùk] 이어북 n. 졸업기념앨범

〈관련어〉

□ **teaching** [tíːtʃiŋ] 티칭 n. 교육. 수업

□ **teaching aid** [tíːtʃiŋ eid] 티칭에이드 n. 보조교재, 교구

□ **teaching method** [tíːtʃiŋ méθəd] 티칭메써드 n. 교수법

□ **double major** [dʌ́bəl méidʒəːr] 더벌메이져 n. 복수전공

□ **major question** [méidʒəːr kwéstʃən]
메이져퀘스천 n. 중요한 문제

□ **private instruction** [práivət instrʌ́kʃən]
프라이비트 인스트럭션 n. 개인지도

□ **dropout** [drɑpáut] 드라파우트 n. 탈락자(중퇴자)

□ **discovery** [diskʌ́vəri] 디스커버리 n. 발견

□ **invention** [invénʃən] 인벤션 n. 발명, 발명품

□ **research** [risə́ːrtʃ] 리써취 n. 연구, 조사

☐ **effort** [éfərt] 에퍼트 n. 노력, 수고

☐ **genius** [ʤíːnjəs] 쥐니어스 n. 천재

☐ **talent** [tǽlənt] 탤런트 n. 재주, 재능

☐ **knowledge** [nálidʒ] 날리쥐 n. 지식

☐ **scientific argument** [sàiəntífik áːrgjəmənt]
싸이언티픽아규먼트 n. 계통이 선 논의

☐ **goal** [goul] 고울 n. 목표

☐ **ability** [əbíləti] 어빌러티 n. 능력

☐ **dictionary** [díkʃənèri] 딕셔네리 n. 사전

☐ **development** [divéləpmənt] 디벨럽먼트 n. 발달, 개발

☐ **observation** [àbzərvéiʃən] 압저베이션 n. 관찰, 주목

☐ **investigation** [invèstəgéiʃən] 인베스터게이션 n. 조사, 연구

☐ **understanding** [ʌndərstǽndiŋ] 언더스탠딩 n. 이해

231

③ 학과목(Subject)

☐ **elective(course)** [iléktiv]
일렉티브 n. 선택과목

☐ **liberal arts** [líb-ərəl ɑːrts]
리버럴아츠 n. 일반교양과목

☐ **required subject**
[rikwáiəːrd sʌ́bdʒikt] 리콰이어드썹직트 n. 필수과목

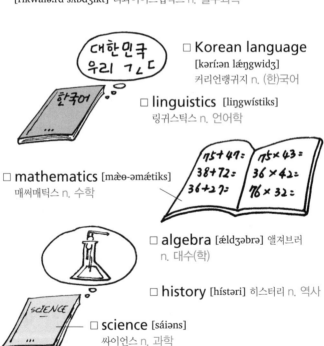

대한민국
우리 ㄱㄴㄷ

한국어
...

☐ **Korean language**
[kəríːən lǽŋgwidʒ]
커리언랭귀지 n. (한)국어

☐ **linguistics** [liŋgwístiks]
링귀스틱스 n. 언어학

75+47= 75×43=
38+72= 36×42=
36+27= 76×32=

☐ **mathematics** [mæθ-əmǽtiks]
매써매틱스 n. 수학

☐ **algebra** [ǽldʒəbrə] 앨져브러
n. 대수(학)

☐ **history** [hístəri] 히스터리 n. 역사

SCIENCE

☐ **science** [sáiəns]
싸이언스 n. 과학

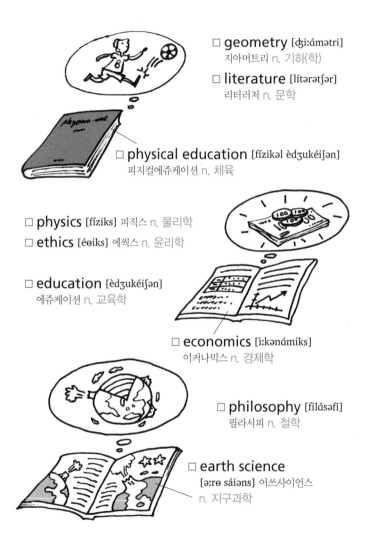

□ **geometry** [ʤiːámətri]
지아머트리 n. 기하(학)

□ **literature** [lítərətʃər]
리터러처 n. 문학

□ **physical education** [fízikəl èdʒukéiʃən]
피지컬에쥬케이션 n. 체육

□ **physics** [fíziks] 피직스 n. 물리학
□ **ethics** [éθiks] 에씩스 n. 윤리학

□ **education** [èdʒukéiʃən]
에쥬케이션 n. 교육학

□ **economics** [ìːkənámiks]
이커나믹스 n. 경제학

□ **philosophy** [filásəfi]
필라서피 n. 철학

□ **earth science**
[əːrθ sáiəns] 어쓰사이언스
n. 지구과학

233

☐ **chemistry** [kémistri]
케미스트리 n. 화학

☐ **botany** [bátəni]
바터니 n. 식물학

☐ **English literature**
[íŋgliʃ [lítərətʃər]
잉글리시리터러쳐 n. 영문학

☐ **biology** [baiálədʒi]
바이알러지 n. 생물학

☐ **ecology** [i:kálədʒi]
이칼러지 n. 생태학

☐ **physiology** [fiziálədʒi]
피지알러지 n. 생리학

☐ **sociology** [sòusiálədʒi]
쏘우시알러지 n. 사회학

☐ **theology** [θi:álədʒi]
씨알러지 n. 신학

☐ **anthropology** [æ̀nθrəpálədʒi]
앤쓰러팔러지 n. 인류학

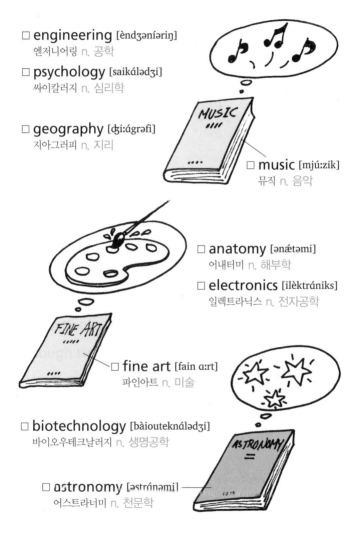

☐ **engineering** [èndʒəníəriŋ]
엔저니어링 n. 공학

☐ **psychology** [saikálədʒi]
싸이칼러지 n. 심리학

☐ **geography** [dʒiːágrəfi]
지아그러피 n. 지리

☐ **music** [mjúːzik]
뮤직 n. 음악

☐ **anatomy** [ənǽtəmi]
어내터미 n. 해부학

☐ **electronics** [ilèktrániks]
일렉트라닉스 n. 전자공학

☐ **fine art** [fain ɑːrt]
파인아트 n. 미술

☐ **biotechnology** [bàiouteknálədʒi]
바이오우테크날러지 n. 생명공학

☐ **astronomy** [əstránəmi]
어스트라너미 n. 천문학

235

〈관련어〉

□ **Chínese character** [tʃainíːz kǽriktər]
차이니즈캐릭터 n. 한자

□ **business management** [bíznis mǽnidʒmənt]
비즈니스매니쥐먼트 n. 경영학

□ **genetics** [ʤinétiks] 쥐네틱스 n. 유전학

□ **medical attendant** [médik-əl əténdənt]
메디컬어텐던트 n. 주치의, 단골의사

□ **medical art** [médik-əl ɑːrt] 메디컬아트 n. 의술

□ **arch(a)eology** [àːrkiálədʒi] 아키알러쥐 n. 고고학

□ **culture** [kʌ́ltʃər] 컬쳐 n. 문화, 교양

□ **civilization** [sìvəlizéiʃən] 씨벌리제이션 n. 문명

☐ **coal** [koul] 코울 n. 석탄

☐ **solid** [sálid] 쌀리드 n. 고체

☐ **gas** [gæs] 개스 n. 개스, 기체

☐ **steam** [sti:m] 스팀 n. 증기

☐ **liquid** [líkwid] 리퀴드 n. 액체

☐ **gasoline** [gæ̀səlí:n] 개설린 n. 휘발유

☐ **metal** [métl] 메틀 n. 금속

☐ **lead** [li:d] 리드 n. 납

☐ **alloy** [ǽlɔi] 앨로이 n. 합금

☐ **steel** [sti:l] 스틸 n. 강철

- ☐ **iron** [áiərn] 아이언 n. 철
- ☐ **bronze** [brɔnz] 브론즈 n. 청동
- ☐ **synthesis** [sínθəsis] 씬써시스 n. 합성, 인조
- ☐ **electricity** [ilèktrísəti] 일렉트리서티 n. 전기, 전기학

- ☐ **existence** [igzístəns] 익지스턴스 n. 존재, 생존
- ☐ **atom** [ǽtəm] 애텀 n. 원자
- ☐ **molecule** [máləkjùːl] 말러큘 n. 분자
- ☐ **hydrogen** [háidrədʒən] 하이드러젼 n. 수소

□ **carbon** [ká:rbən] 카번 n. 탄소

□ **oxygen** [áksidʒən] 악시젼 n. 산소

□ **fiber** [fáibər] 파이버 n. 섬유

□ **cotton** [kátn] 카튼 n. 면, 목화

□ **silk** [silk] 씰크 n. 비단

□ **artificial silk** [à:rtəfíʃəl silk] 아터피셜씰크 n. 인조견

□ **hemp** [hemp] 헴프 n. 삼, 대마

4 문구(Stationery)

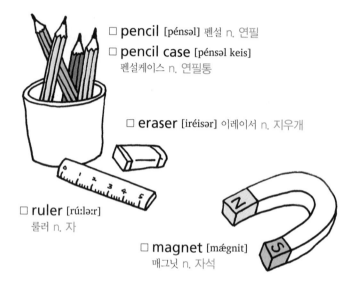

□ **pencil** [pénsəl] 펜설 n. 연필
□ **pencil case** [pénsəl keis]
펜설케이스 n. 연필통

□ **eraser** [iréisər] 이레이서 n. 지우개

□ **ruler** [rú:lə:r]
룰러 n. 자

□ **magnet** [mǽgnit]
매그닛 n. 자석

□ **bulletin board** [búlətin bɔ:rd] 불러틴보드 n. 게시판
□ **globe** [gloub] 글로우브 n. 지구의(본)

□ **glue** [glu:] 글루 n. 풀

□ **map** [mæp] 맵 n. 지도
□ **atlas** [ǽtləs] 애틀러스 n. 지도책

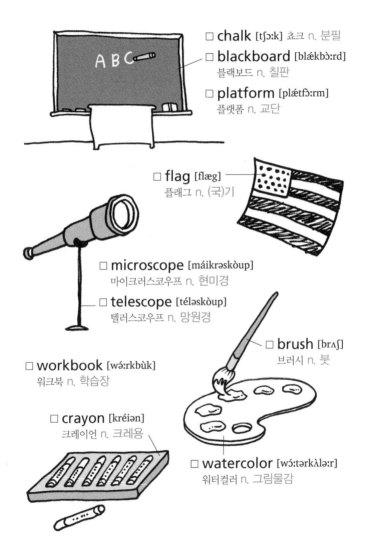

□ **chalk** [tʃɔːk] 쵸크 n. 분필

□ **blackboard** [blǽkbɔ̀ːrd]
블랙보드 n. 칠판

□ **platform** [plǽtfɔ̀ːrm]
플랫폼 n. 교단

□ **flag** [flæg]
플래그 n. (국)기

□ **microscope** [máikrəskòup]
마이크러스코우프 n. 현미경

□ **telescope** [téləskòup]
텔러스코우프 n. 망원경

□ **brush** [brʌʃ]
브러시 n. 붓

□ **workbook** [wə́ːrkbùk]
워크북 n. 학습장

□ **crayon** [kréiən]
크레이언 n. 크레용

□ **watercolor** [wɔ́ːtərkʌ̀lər]
워터컬러 n. 그림물감

〈관련어〉

□ **correction fluid** [kərékʃən flú:id]
커렉션플루이드 n. 수정액

□ **organizer** [ɔ́:rɡənàizər] 오거나이저 n. 분류 서류철

□ **ink** [iŋk] 잉크 n. 잉크

□ **scissors** [sízə:rz] 씨저즈 n. 가위

□ **rubber band** [rʌ́bə:r bǽnd] 러버밴드 n. 고무줄

□ **rubber cement** [rʌ́bə:r simént]
러버씨멘트 n. 고무풀(접착제)

□ **paper clip** [péipər klip] 페이퍼클립 n. 종이집게, 클립

□ **Chinese ink** [tʃainí:z iŋk] 챠이니즈잉크 n. 먹

□ **Post-it** [póustít] 포우스팃 n. 포스트잇

□ **compass** [kʌ́mpəs] 컴퍼스 n.(제도용)컴퍼스

□ **stamp** [stæmp] 스탬프 n. 스탬프, 고무도장

□ **abacus** [ǽbəkəs] 애버커스 n. 주판

□ **file** [fail] 파일 n. 서류철

□ **pad** [pæd] 패드 n. 패드

□ **dice** [dais] 다이스 n. 주사위

□ **school thing** [skuːl θiŋ] 스쿨씽 n. 학용품

□ **school cap** [skuːl kæp] 스쿨캡 n. 학생모

□ **steel cap** [stiːl kæp] 스틸캡 n. 철모

□ **peaked cap** [píːkt kæp] 픽트캡 n. 챙달린 모자

⑤ 행사(Event)

☐ **entrance ceremony** [éntrəns sérəmòuni]
엔트런스쎄러모우니 n. 입학식

☐ **graduation** (ceremony)[græʤuéiʃən]
그래쥬에이션 n. 졸업식

☐ **commencement** [kəménsmənt]
커멘스먼트 n. 졸업식, 학위수여식

☐ **field day** [fiːld dei] 필드데이 n. 운동회

☐ **school festival** [skuːl féstəvəl]
스쿨페스터벌 n. 학교축제

☐ **homecoming** [houmkàmiŋ] 호움커밍 n. 동창회

□ **school anniversary**
[sku:l ǽnəvə́:rsəri]
스쿨애너버서리 n. 개교기념일

□ **school trip** [sku:l trip] 스쿨트립 n. 수학여행
□ **excursion** [ikskə́:rʒən] 익스커전 n. 소풍, 수학여행

□ **entrance examination** [éntrəns igzæ̀mənéiʃən]
엔트런스이그재머네이션 n. 입학시험

□ **midterm** [mídtə̀:rm] 밋텀 n. 중간시험

□ **final** [fáinəl] 파이널 n. 기말시험

□ **teacher's day** [tí:tʃə:rz dei] 티쳐즈데이 n. 스승의 날

〈관련어〉

□ **school reunion** [skuːl riːjúːnjən]
스쿨리유니언 n. 동창회

□ **foundation day** [faundéiʃ-ən dei]
파운데이션데이 n. 창립기념일

□ **spring vacation** [spriŋ veikéiʃən]
스프링베이케이션 n. 봄방학

□ **summer vacation** [sʌ́mər veikéiʃən]
써머베이케이션 n. 여름방학

□ **winter vacation** [wíntə:r veikéiʃən]
윈터베이케이션 n. 겨울방학

□ **enter a school** [éntər ə sku:l] 엔터어스쿨 v. 입학하다

□ **keep a school** [ki:p ə sku:l] 킵어스쿨
v. 경영하다(사립학교)

□ **leave school** [li:v sku:l] 리브스쿨 v. 졸업(퇴학)하다

⑥ 교직원(Faculty)

☐ **teacher** [tíːtʃər]
티처 n. 교사

☐ **professor** [prəfésər]
프러페서 n. 교수

☐ **full professor** [ful prəfésər]
풀프러페서 n. 정교수

☐ **associate professor**
[əsóuʃièit prəfésər]
어쏘우시에이트프러페서 n. 부교수

☐ **assistant professor**
[əsístənt prəfésər]
어씨스턴트프러페서 n. 조교수

□ **tutor** [tjúːtəːr] 튜터 n. 강사
□ **lecturer** [léktʃ-ərəːr] 렉처러 n. 강연자, 강사

□ **instructor** [instrʌ́ktər]
인스트럭터 n. 전임강사

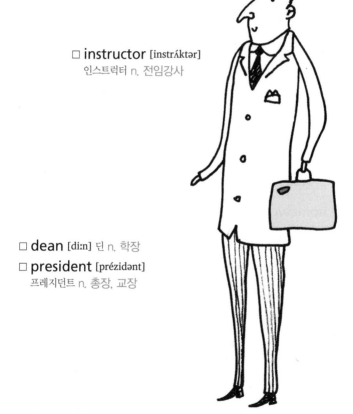

□ **dean** [diːn] 딘 n. 학장
□ **president** [prézidənt]
프레지던트 n. 총장, 교장

〈관련어〉

□ **scholar** [skálər] 스칼러 n. 학자

□ **class teacher** [klæs tíːtʃər] 클래스티처 n. 담임선생님

□ **teaching experience** [tíːtʃiŋ ikspíəriəns]
  티칭익스피어리언스 n. 교수경험

□ **teaching fellow** [tíːtʃiŋ félou] 티칭펠로우 n. 학생조교

□ **class monitor** [klæs mánitər] 클래스마니터 n. 반장

□ **teacher ship** [tíːtʃəːr ʃip] 티쳐쉽 n. 교직

□ **attendance** [əténdəns] 어텐던스 n. 출석

□ **absence** [æbsəns] 앱선스 n. 결석

□ **homework** [houmwərk] 호움워크 n. 숙제

□ **preview** [príːvjùː] 프리뷰 n. 예습

□ **review** [rivjúː] 리뷰 n. 복습

□ **quiz** [kwiz] 퀴즈 n. 간단한 테스트, 쪽지시험

□ **achievement test** [ətʃíːvmənt test]
어취브먼트테스트 n. 학력고사

□ **trial** [trái-əl] 트라이얼 n. 시험

□ **ability test** [əbíləti test] 어빌러티테스트 n. 능력시험

□ **oral examination** [ɔ́ːrəl igzæ̀mənéiʃən]
오럴익재머네이션 n. 구두시험

□ **written examination** [rítn igzæ̀mənéiʃən]
리튼익재머네이션 n. 필기시험

□ **paper** [péipər] 페이퍼 n. 종이

□ **analysis** [ənǽləsis] 어낼러시스 n. 분석

□ **lecture** [léktʃəːr] 렉쳐 n. 강의

□ **thesis** [θíːsis] 씨시스 n. 논문, 논제

□ **club activity** [klʌb æktívəti] 클럽액티버티 n. 클럽활동

□ **school activities** [skuːl æktívətiz] 스쿨액티버티즈 n. 교내활동

□ **social customs** [sóuʃ-əl kʌ́stəmz] 쏘우셜커스텀즈 n. 사회관습

⑦ 학생(Student)

□ **student**
[stjú:d-ənt] 스튜던트
n. 학생(미국: 중학생이상)

□ **pupil** [pjú:pəl]
퓨펄 n. 초, 중학생

□ **freshman** [fréʃmən]
프레시먼 n. 대학 1년생

□ **sophomore**
[sáf-əmɔ̀:r] 싸퍼모
n. 대학 2년생

□ **junior** [dʒú:njər]
쥬니어 n. 대학 3년생

□ **senior** [sí:njər]
씨니어 n. 대학 4년생

□ **graduate** [grǽʤuit] 그래쥬잇
n. (대학)졸업자

□ **graduate student** [grǽʤuit stjú:d-ənt]
그래쥬잇스튜던트 n. 대학원생

□ **bachelor** [bǽtʃələr] 배철러 n. 학사
□ **master** [mǽstəːr] 매스터 n. 석사
□ **doctor** [dάktər] 닥터 n. 박사

□ **classmate** [klǽsmèit]
클래스메이트 n. 동급생, 급우

□ **alumnus**
[əlʌ́mnəs] 얼럼너스
n. (남자)동창생

□ **alumna**
[əlʌ́mnə] 얼럼너
n. (여자)동창생

〈관련어〉

□ **bully** [búli] 불리 n. 골목대장

□ **welcome** [wélkəm] 웰컴 n. 환영

□ **close friend** [klous frend] 클로우스프렌드 n. 친구

□ **colleague** [káli:g] 칼리그 n. 동료

□ **competitor** [kəmpétətər] 컴페터터 n. 경쟁자

□ **comradeship** [kámrædʃip] 캄래드쉽 n. 동료의식

□ **friendship** [fréndʃip] 프렌드쉽 n. 우정

□ **advice** [ædváis] 애드바이스 n. 충고

□ **manners** [mǽnə:rz] 매너즈 n. 예절, 예의

□ **behavior** [bihéivjər] 비헤이벼 n. 행동, 행실

□ **mental activity** [méntl æktívəti]
멘틀액티버티 n. 정신활동

□ **mental faculties** [méntl fǽkəltiz]
멘틀패컬티즈 n. 지능

□ **reasoning power** [ríːz-əniŋ páuər]
리저닝파우어 n. 추리력

□ **mental arithmatic** [méntl əríθmətik]
멘틀어리쓰머틱 n. 암산

□ **decimals** [désəməlz] 데써멀즈 n. 십진법

□ **fraction** [frǽkʃ-ən] 프랙션 n. 분수

□ **participation** [pɑːrtìsəpéiʃən]
파티서페이션 n. 참여

□ **rumor** [rúːmə:r] 루머 n. 루머, 소문

□ **quarrel** [kwɔ́ːrəl] 쿼럴 n. 싸움

□ **reconciliation** [rèkənsìliéiʃ-ən]
레컨씰리에이션 n. 화해

PART 3.
일상생활
(Daily Life)

□ **clinic** [klínik] 클리닉 n. 개인(전문)병원

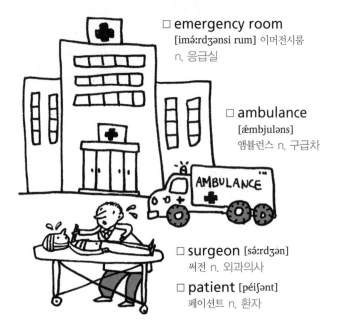

□ **emergency room**
[imə́:rdʒənsi rum] 이머전시룸
n. 응급실

□ **ambulance**
[ǽmbjuləns]
앰뷸런스 n. 구급차

□ **surgeon** [sə́:rdʒən]
써전 n. 외과의사

□ **patient** [péiʃənt]
페이션트 n. 환자

□ **surgery** [sə́:rdʒəri] 써저리 n. 외과
□ **operation** [ὰpəréiʃən] 아퍼레이션 n. 수술

□ **injection** [indʒékʃən]
인젝션 n. 주사(액)

□ **medicine** [médəs-ən]
메더쓴 n. (내복)약

□ **ointment** [ɔ́intmənt] 오인트먼트 n. 연고, 고약

□ **treatment** [trí:tmənt]
트리트먼트 n. 치료

□ **physiotherapy** [fìziouθérəpi]
피지오우쎄러피 n. 물리요법

□ **cast** [kæst] 캐스트 n. 깁스

□ **internal department**
[intə́:rnəl dipá:rtmənt]
인터널디파트먼트 n. 내과

□ **physician**
[fizíʃən] 피지션
n. 내과의사

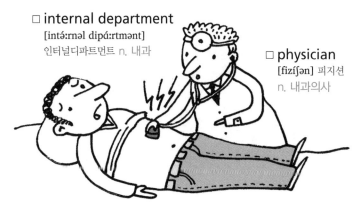

259

□ **pediatrics** [pìːdiǽtriks] 피디애트릭스 n. 소아과

□ **thermometer** [θəːrmámitəːr]
써마미터 n. 체온계

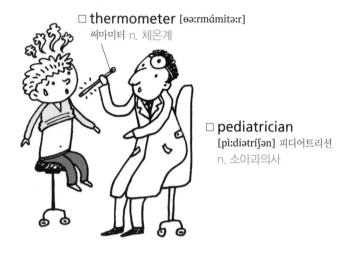

□ **pediatrician**
[pìːdiətríʃən] 피디어트리션
n. 소아과의사

□ **dermatology** [dəːrmətálədʒi] 더머탈러지 n. 피부과

□ **prescription**
[priskrípʃən]
프리스크립션 n. 처방전

□ **plastic surgery** [plǽstik sə́:rdʒəri]
플래스틱써저리 n. 성형외과

□ **oculist** [ákjəlist] 아키어리스트 n. 안과의사

□ **dentist** [déntist]
덴티스트 n. 치과의사

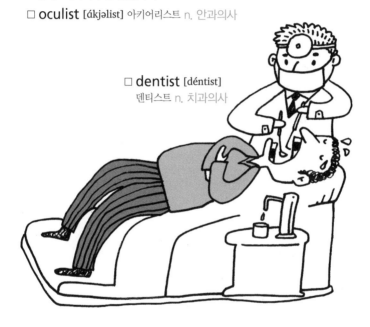

□ **obstetrics** [əbstétriks] 업스테트릭스 n. 산과(학)

□ **gynecology** [gàinikáləʤi] 가이니칼러지 n. 부인과

〈관련어〉

- ☐ **teaching hospital** [tíːtʃiŋ háspitl]
  티칭하스피틀 n. 대학병원

- ☐ **isolation hospital** [àisəléiʃən háspitl]
  아이설레이션하스피틀 n. 격리병원

- ☐ **hospital ward** [háspitl wɔːrd] 하스피틀워드 n. 병동

- ☐ **drug** [drʌg] 드라그 n. 약

- ☐ **narcotic** [nɑːrkátik] 나카틱 n. 마취(제), 마약

- ☐ **vitamin** [váitəmin] 바이터민 n. 비타민

- ☐ **medical checkup** [médik-əl tʃekʌp] 메디컬체컵 n. 건강진단

- ☐ **medical care** [médik-əl kɛər] 메디컬케어 n. 치료

- ☐ **medical fertilization** [médik-əl fəːrtəlizéiʃən]
  메디컬퍼틸리제이션 n. 인공수정

- ☐ **bloodtest** [blʌ́dtést] 블럳테스트 n. 혈액검사

□ **physical therapy** [fízikəl θérəpi]
  피지컬쎄러피 n. 물리치료

□ **bloodtype** [bládtaip] 블럿타입 n. 혈액형

□ **disinfection** [dìsinfékʃən] 디스인펙션 n. 소독, 살균

□ **neurology** [njuərálədʒi] 뉴어랄러쥐 n. 신경학

□ **delivery room** [dilívəri rum] 딜리버리룸 n. 분만실

□ **orthopedics** [ɔ̀:rθoupí:diks] 오쏘우피딕스 n. 정형외과

□ **examine** [igzǽmin] 익재민 v. 진찰하다

□ **sling** [sliŋ] 슬링 n. 팔걸이 붕대

□ **bandage** [bǽndidʒ] 밴디쥐 n. 붕대

□ **apply a bandage** [əplái ə bǽndidʒ]
  어플라이어밴디쥐 v. 붕대를 감다

□ **triangular bandage** [traiǽŋgjələːr bǽndidʒ]
  트라이앵결러밴디쥐 n. 삼각건

1 질병(Disease)

□ allergy [ǽlərdʒi]
앨러지 n. 알레르기

□ gastritis [gæstráitis]
개스트라이티스 n. 위염

□ cancer [kǽnsər] 캔써 n. 암
□ lung cancer [lʌŋ kǽnsər] 렁캔써 n. 폐암

□ influenza [ìnfluénzə]
일플루엔저 n. 독감 (= flu)
□ cold [kould] 코울드 n. 감기

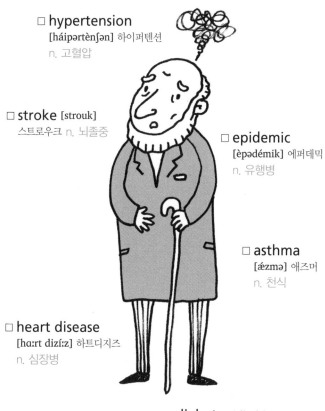

□ **hypertension**
[háipərtènʃən] 하이퍼텐션
n. 고혈압

□ **stroke** [strouk]
스트로우크 n. 뇌졸중

□ **epidemic**
[èpədémik] 에퍼데믹
n. 유행병

□ **asthma**
[ǽzmə] 애즈머
n. 천식

□ **heart disease**
[hɑːrt dizíːz] 하트디지즈
n. 심장병

□ **diabetes** [dàiəbíːtis]
다이어비티스 n. 당뇨병

□ **obesity** [oubí:səti]
오우비서티 n. 비만

□ **chicken pox** [tʃíkin pɑks]
치킨팍스 n. 수두

□ **stress** [stres]
스트레스 n. 스트레스

□ **pneumonia**
[njumóunjə]
뉴모우니어 n. 폐렴

□ **mumps** [mʌmps] 멈프스
n. (유행성)이하선염, 볼거리

□ **measles** [mí:z-əlz]
미절즈 n. 홍역

□ **cavity** [kǽvəti]
캐버티 n. 충치

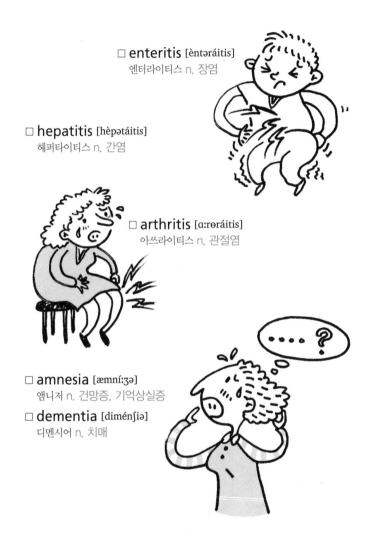

□ enteritis [èntəráitis]
엔터라이티스 n. 장염

□ hepatitis [hèpətáitis]
헤퍼타이티스 n. 간염

□ arthritis [ɑ:rəráitis]
아쓰라이티스 n. 관절염

□ amnesia [æmní:ʒə]
앰니저 n. 건망증, 기억상실증

□ dementia [diménʃiə]
디멘시어 n. 치매

〈관련어〉

□ **athletes foot** [ǽθliːts fut] 애쓰리츠풋 n. 무좀

□ **colitis** [kəláitəs] 컬라이터스 n. 대장염

□ **colitis germ** [kəláitəs ʤəːrm] 컬라이터스점 n. 대장균

□ **germ disease** [ʤəːrm dizíːz] 점디지즈 n. 세균병

□ **germ carrier** [ʤəːrm kǽriər] 점캐리어 n. 보균자

□ **family disease** [fǽməli dizíːz] 패멀리디지즈 n. 유전병

□ **inveterate disease** [invétərit dizíːz]
인베터릿디지즈 n. 난치병, 고질병

□ **inveterate drinker** [invétərit dríŋkər]
인베터릿드링커 n. 상습음주자

□ **attack** [ətǽk] 어택 n. 발병, 발작

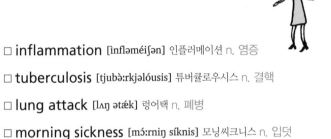

☐ **inflammation** [ìnfləméiʃən] 인플러메이션 n. 염증

☐ **tuberculosis** [tjubə̀:rkjəlóusis] 튜버큘로우시스 n. 결핵

☐ **lung attack** [lʌŋ ətǽk] 렁어택 n. 폐병

☐ **morning sickness** [mɔ́:rniŋ síknis] 모닝씨크니스 n. 입덧

☐ **overwork** [óuvərwə̀:rk] 오우버웍 n. 과로

☐ **ulcer** [ʌ́lsər] 얼서 n. 궤양, 종기

☐ **hyperthyroidism** [hàipərəáirɔidizəm]
하이퍼싸이로이디점 n. 갑상선기능 항진증

☐ **thyroiditis** [θàirɔidáitis] 싸이로이다이티스 n. 갑상선염

☐ **goiter** [gɔ́itər] 고이터 n. 갑상선종(기)

2 증상(Symptom)

□ **diarrhea** [dàiərí:ə]
다이어리어 n. 설사

□ **headache** [hédèik]
헤드에이크 n. 두통

□ **pain** [pein] 페인 n. 아픔, 고통
□ **burn** [bəːrn] 번 n. 화상

□ **toothache** [túːθèik]
투쎄이크 n. 치통

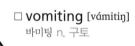

□ **vomiting** [vámitiŋ]
바미팅 n. 구토

□ **fracture** [frǽktʃəːr]
프랙쳐 n. 골절

□ **hiccup** [híkʌp] 히컵 n. 딸꾹질

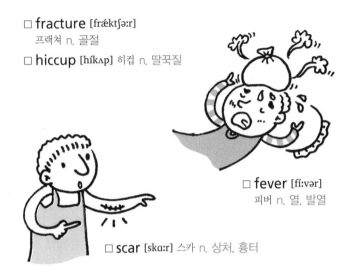

□ **fever** [fíːvər]
피버 n. 열, 발열

□ **scar** [skɑːr] 스카 n. 상처, 흉터

□ **indigestion** [ìndidʒéstʃən]
인디제스천 n. 소화불량

□ **cough** [kɔ(ː)f] 코프 n. 기침

□ **sneeze** [sniːz]
스니즈 n. 재채기

271

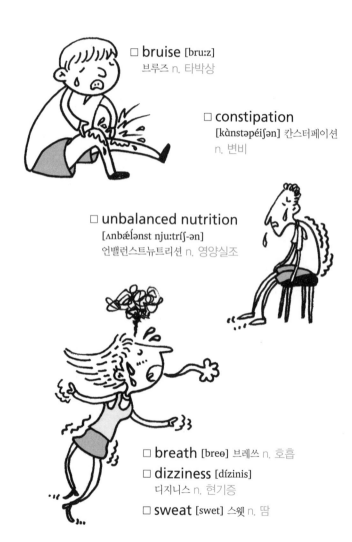

□ **bruise** [bruːz]
브루즈 n. 타박상

□ **constipation**
[kὰnstəpéiʃən] 칸스터페이션
n. 변비

□ **unbalanced nutrition**
[ʌnbǽlənst njuːtríʃ-ən]
언밸런스트뉴트리션 n. 영양실조

□ **breath** [breθ] 브레쓰 n. 호흡
□ **dizziness** [dízinis]
디지니스 n. 현기증
□ **sweat** [swet] 스웻 n. 땀

□ **urine** [júərin] 유어린 n. 소변
□ **feces** [fí:si:z] 피시즈 n. 배설물

□ **nausea** [nɔ́:ziə] 노지어
　　n. 오심, 메스꺼움

□ **chill** [tʃil] 칠 n. 한기, 오한
□ **bleeding** [blí:diŋ]
　블리딩 n. 출혈
□ **blister** [blístər]
　블리스터 n. 물집

□ **migraine** [máigrein]
　마이그레인 n. 편두통
□ **faint** [feint] 페인트 n. 기절, 졸도
□ **snivel** [sнív-əl] 스니벌 n. 콧물

273

〈관련어〉

□ **heart attack** [hɑːrt ətǽk] 하트어택 n. 심장발작

□ **rash** [ræʃ] 래쉬 n. 발진, 뾰루지

□ **sequela** [sikwíːlə] 씨퀼러 n. 후유증, 결과

□ **the handicapped** [ðə hǽndikæ̀pt]
더핸디캡트 n. 신체장애자

□ **the blind** [ðə blaind] 더블라인드 n. 장님

□ **the deaf** [ðə def] 더데프 n. 귀머거리

□ **the dumb** [ðə dʌm] 더덤 n. 벙어리

□ **deaf and dumb** [def ænd dʌm] 데프앤드덤 n. 농아

□ **suppuration** [sʌpjureiʃən] 써퓨레이션 n. 곪음, 화농

□ **sunburn** [sʌ́nbə̀ːrn] 썬번 n. 볕에 탐

□ **deficiency** [difíʃənsi] 디피션시 n. 결핍, 영양부족

□ **major operatiion** [méidʒəːr àpəréiʃən]
메이져아퍼레이션 n. 대수술

□ **hearing aid** [híəriŋ eid] 히어링에이드 n. 보청기

□ **appendicitis** [əpèndəsáitis] 어펜더싸이티스 n.충수염, 맹장염

□ **inspirator** [ínspərèitər] 인스퍼레이터 n. 흡입기

□ **oxygeninhaler** [áksidʒəninhá:lər]
악시저닌할러 n. 산소흡입기

□ **physical strength** [fízikəl streŋkə] 피지컬스트렝쓰 n. 체력

□ **physical constitution** [fízikəl kànstətjú:ʃən]
피지컬칸스터튜션 n. 체격

□ **respiratory organs** [résp-ərətò:ri ɔ́:rgənz]
레스퍼러토리오건즈 n. 호흡기관

□ **mental case** [méntl keis] 멘틀케이스 n. 정신병 환자

□ **mental home** [méntl houm] 멘틀호움 n. (구어) 정신병원

□ **mental specialist** [méntl spéʃəlist]
멘틀스페셜리스트 n. 정신병 전문의

□ **hygiene** [háiʤi:n] 하이쥔 n. 위생상태

chapter 2

우체국(Post office)

□ **postal employee**
[póustəl implɔ́ii:] 포우스틸임플로이이
n. 우체국 직원

□ **postage** [póustidʒ]
포우스티지 n. 우편요금

□ **mail** [meil] 메일 n. 우편물
□ **postal matter** [póustəl mǽtər]
포우스틸매터 n. 우편물

□ **surface mail** [sə́:rfis meil]
써피스메일 n. 육상우편(선편)

□ **postal delivery** [póustəl dilívəri]
포우스틸딜리버리 n. 우편배달

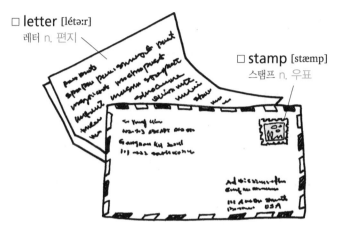

□ **letter** [létər]
레터 n. 편지

□ **stamp** [stæmp]
스탬프 n. 우표

□ **envelope** [énvəlòup] 엔벌로웁 n. 봉투
□ **airmail** [ɛ́ərmèil] 에어메일 n. 항공우편

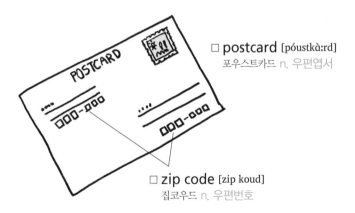

□ **postcard** [póustkὰːrd]
포우스트카드 n. 우편엽서

□ **zip code** [zip koud]
집코우드 n. 우편번호

277

□ **mailbox** [méilbɑ̀ks]
메일박스 n. 우체통

□ **express mail** [iksprés mèil]
익스프레스메일 n. 속달

□ **telegram** [téləgræ̀m]
텔러그램 n. 전보

□ **registered letter** [rédʒəstə:rd létə:r]
레저스터드레터 n. 등기우편물

□ **return address** [ritə́:rn ədrés]
리턴어드레스 n. 발신인의 주소

□ **address** [ədrés] 어드레스
n. 수신인의 주소

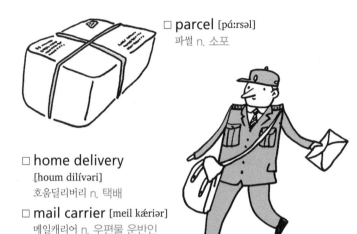

□ **parcel** [pársəl]
파쎌 n. 소포

□ **home delivery**
[houm dilívəri]
호움딜리버리 n. 택배

□ **mail carrier** [meil kǽriər]
메일캐리어 n. 우편물 운반인

□ **window** [wíndou]
윈도우 n. 창구

□ **scale** [skeil]
스케일 n. 저울

□ **postmark** [póustmà:rk]
포우스트마크 n. 소인

〈관련어〉

☐ **mailpiece** [méilpìːs] 메일피스 n. 우편물(영국)

☐ **mailing** [méiliŋ] 메일링 n. 우편물

☐ **mailplane** [méilplèin] 메일플레인 n. 우편비행기

☐ **mail train** [méil trein] 메일트레인 n. 우편 열차

☐ **mail messenger** [méil mésəndʒər]
메일메썬져 n. 우편물 운송인

☐ **mail coach** [méil koutʃ] 메일코우취
n. (옛날의) 우편마차

☐ **mail day** [méil dei] 메일데이 n. 배달일

☐ **mail drop** [méil drɔp] 메일드롭 n. (가정의) 우편함

☐ **mailing table** [méil téib-əl]
메일링테이블 n. 우편물 구분대(臺)

☐ **mailman** [méilmæ̀n] 메일맨 n. 우편물 집배원

☐ **mail order** [méil ɔ́:rdər] 메일오더 n. 통신 판매(의 주문)

☐ **mail clerk** [méil klɑ:rk] 메일클럭 n. 우체국 직원

☐ **postmaster** [póustmæ̀stər] 포우스트매스터
n. (여 postmistress)우체국장

☐ **army post office** [áːrmi póust ɔ́(:)fis] 아미포우스트오피스
n. 군사우체국

☐ **fragility** [frədʒíləti] 프러쥘러티 n. 부서지기 쉬움, 무름

☐ **junk mail** [dʒʌŋk méil] 정크메일
n. 정크메일

chapter 3

은행(Bank)

□ **bankbook** [bǽŋkbùk]
뱅크북 n. 은행통장

□ **credit card**
[krédit kɑ:rd] 크레딧카드
n. 신용카드

□ **bank clerk** [bæŋk klə:rk]
뱅크클럭 n. 은행 출납담당원

□ **security guard** [sikjú-əriti gɑ:rd]
씨큐어리티가드 n. 경호원, 경비

□ **account** [əkáunt] 어카운트 n. 예금계좌

□ **money** [mʌ́ni] 머니 n. 돈

□ **cash** [kæʃ] 캐시 n. 현금

□ **coin** [kɔin] 코인 n. 동전

□ **bill** [bil] 빌 n. 지폐

□ **check** [tʃek] 첵 n. 수표

□ **draft** [drɑːft] 드라프트 n. 어음

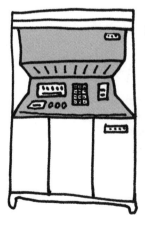

□ **ATM** [eitiem] 에이티엠
n. 자동현금인출기

□ **remittance** [rimít-əns]
리미턴스 n. 송금

□ **safe** [seif] 쎄이프
n. 금고

□ **direct debit** [dirékt débit]
디렉트데빗 n. 자동납부

□ **deposit slip** [dipázit slip]
디파짓슬립 n. 예금용지

□ **withdrawal slip**
[wiðdrɔ́:-əl slip]
위드드로얼슬립 n. 출금용지

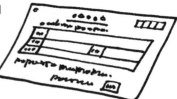

□ **bank charge** [bæŋk tʃɑːrdʒ]
뱅크챠지 n. 은행수수료

□ **customer** [kʌ́stəmər]
커스터머 n. 고객

□ **savings** [séiviŋs] 쎄이빙스 n. 저축

□ **exchange rate** [ikstʃéindʒ reit] 익스체인지레이트 n. 환율

□ **loan** [loun] 로운 n. 융자

□ **installment savings**
[instɔ́:lmənt séiviŋs]
인스톨먼트쎄이빙스 n. 적금

□ **principal** [prínsəpəl] 프린서펄 n. 원금

□ **interest** [íntərist] 인터리스트 n. 이자

285

〈관련어〉

□ **flash notes** [flæʃ nouts] 플래쉬노우츠 n. 위조지폐

□ **bank stocks** [bǽŋk staks] 뱅크 스탁스 n. 은행주(식)

□ **account number** [əkáunt nʌ́mbəːr]
어카운트넘버 n. 예금계좌번호

□ **cashier** [kæʃíər] 캐쉬어 n. 출납원

□ **card slot** [kɑːrd slɑt] 카드슬럿 n. 카드삽입구

□ **keypad** [kíːpæd] 키패드 n. 자판

□ **payment** [péimənt] 페이먼트 n. 지불, 납입

□ **monthly payment** [mʌ́nθli péimənt] 먼쓸리페이먼트 n. 월부

□ **monthly statement** [mʌ́nθli stéitmənt]
먼쓸리스테이트먼트 n. 매월납부명세서

□ **signature** [sígnətʃəːr] 씨그너쳐 n. 서명(하기)

□ **pin number** [pin námbə:r] 핀넘버
　 n. 비밀번호(=personal code number)

□ **save money** [seiv máni] 쎄이브머니 v. 저축하다

□ **change money** [tʃeindʒ máni] 췌인쥐머니 v. 환전하다

□ **send money** [send máni] 쎈드머니 v. 송금하다

□ **deposit money** [dipázit máni] 디파짓머니 v. 예금하다

□ **withdraw money** [wiðdrɔ́:máni] 위드로머니 v.출금하다

□ **currency** [kə́:rənsi] 커런시 n. 통화, 화폐

□ **cash card** [kæʃ kɑ:rd] 캐쉬카드 n. 현금카드

□ **traveler's check** [trǽvlə:rz tʃek]
　 트래블러즈체크 n. 여행자수표

□ **certified check** [sə́:rtəfàid tʃek]
　 써터파이드체크 n. 보증수표

□ **money rates** [máni reits] 머니레이츠 n. 금리

□ **control tower** [kəntróul táuər]
컨트로울타워 n. 관제탑

□ **airliner** [έərlàinər]
에어라이너 n. 여객기

□ **runway** [ránwèi]
런웨이 n. 활주로

□ **duty free shop** [djúːti friːʃɑp]
듀티프리샵 n. 면세점

□ **baggage claim** [bǽgidʒ kleim]
배기지클레임 n. 수화물 찾는 곳

□ **customs** [kʌ́stəmz] 커스텀즈 n. 관세

☐ **domestic flight** [douméstik flait]
도우메스틱플라이트 n. 국내선

☐ **international flight** [ìntərnǽʃənəl flait]
인터내셔널플라이트 n. 국제선

☐ **metal detector** [métl ditéktər]
메틀디텍터 n. 금속 탐지기

☐ **reservation** [rèzəːrvéiʃ-nə] 레저베이션 n. 예약

☐ **destination** [dèstənéiʃən] 데스터네이션 n. 목적지

□ **arrival** [əráivəl] 어라이벌 n. 도착

□ **landing** [lǽndiŋ]
랜딩 n. 착륙

□ **altitude flight**
[ǽltətjùːd flait] 앨터튜드플라이트
n. 고도비행

□ **jetlag** [dʒetlæg] 제트래그 n. 시차증

□ **departure** [dipáːrtʃər]
디파쳐 n. 출발

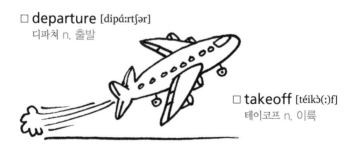

□ **takeoff** [téikɔ̀(ː)f]
테이코프 n. 이륙

☐ **passport** [pǽspɔ̀ːrt] 패스포트 n. 여권
☐ **boarding pass** [bɔ́ːrdiŋ pæs] 보딩패스 n. 탑승권
☐ **visa** [víːzə] 비저 n. (여권)사증, 비자

☐ **inspection** [inspékʃən] 인스펙션 n. 검사
☐ **immigration** [ìməgréiʃən]
　이머그레이션 n. 입국심사

　　　☐ **quarantine** [kwɔ́ːrəntìːn] 쿼런틴 n. 검역소
　　　☐ **standby** [stǽndbài] 스탠드바이 n. 대기

〈관련어〉

□ **security check** [sikjú-əriti tʃek] 씨큐어리티체크 n. 보안검색

□ **limousine** [líməzìːń] 리머진 n. 공항버스

□ **checkin counter** [tʃekin káuntər] 체킨카운터 n. 탑승수속창구

□ **baggage check** [bǽgidʒ tʃek] 배기쥐체크 n. 수화물 물표

□ **checkin baggage** [tʃekin bǽgidʒ]
체킨배기쥐 n. 탁송화물수속

□ **carry-on bag** [kǽri-àn bæg]
캐리언백 n. 기내로 휴대할 수 있는 가방

□ **clear** [kliər] 클리어 v. 통관절차를 마치다

□ **declare** [diklέər] 디클레어 v. (세관에 과세품을)신고하다

□ **waiting list** [wéitiŋ list] 웨이팅리스트
n. 후보자(대기자)명단

□ **nonstop flight** [nɑnstɑp flait]
난스탑플라이트 n. 직항편

□ **night flight** [nait flait] 나이트플라이트 n. 야간비행

□ **flight ticket** [flait tíkit] 플라이트티킷 n. 항공권

□ **flight attendant** [flait əténdənt]
플라이트어텐던트 n. 승무원

□ **pilot** [páilət] 파일럿 n. 조종사

□ **emergency exit** [imə́:rdʒənsi éksit]
이머젼시엑싯 n. 비상구

□ **delay** [diléi] 딜레이 n. 연착

□ **stopover** [stɑpòuvə:r] 스탑오우버 n. 도중하차(지)

□ **gate number** [geit nʌ́mbə:r] 게이트넘버 n. 탑승구번호

□ **departure lounge** [dipɑ́:rtʃər laundʒ]
디파처라운쥐 n. 탑승대기실

□ **window seat** [wíndou si:t] 윈도우씨트 n. 창가측 좌석

□ **aisle seat** [ail si:t] 아일씨트 n. 통로측 좌석

□ **lavatory** [lǽvətɔ̀:ri] 래버토리 n. 화장실

□ **cockpit** [kɑ́kpìt] 칵피트 n. 조종실

chapter **5**

1 쇼핑(Shopping)

□ **mall** [mɔːl] 몰 n. 쇼핑센터
□ **department store** [dipáːrtmənt stɔːr]
  디파트먼트스토어 n. 백화점

□ **souvenir shop** [sùːvəníəːr ʃap]
  수버니어샵 n. 기념품점

□ **parking lot** [páːrkiŋ lat]
  파킹랏 n. 주차장

294

□ menswear [ménzwèər]
멘즈웨어 n. 남성복

□ womens wear
[wíminz wèər] 위민즈웨어
n. 여성복

□ receipt [risíːt]
리싯 n. 영수증

□ refund [ríːfʌnd] 리펀드 n. 환불

□ guarantee [gæ̀rəntíː] 개런티 n. 보증서

□ sports goods [spɔ́ːrts gudz]
스포츠굳즈 n. 스포츠 용품

□ kitchenware
[kítʃinwèər]
키친웨어 n. 부엌용품

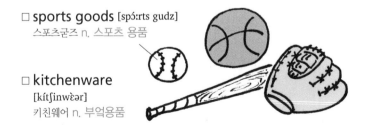

☐ **sale** [seil] 쎄일 n. 판매
☐ **exchange** [ikstʃéindʒ]
익스체인지 n. 교환

☐ **price tag** [prais tæg]
프라이스태그 n. 정가표
☐ **discount** [dískaunt]
디스카운트 n. 할인

☐ **bargain** [bá:rgən] 바건
n. (싸게)산 물건, 떨이

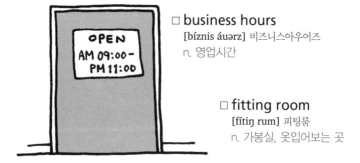

☐ **business hours**
[bíznis áuərz] 비즈니스아우어즈
n. 영업시간

☐ **fitting room**
[fítiŋ rum] 피팅룸
n. 가봉실, 옷입어보는 곳

□ **convenience store** [kənvíːnjəns stɔːr]
컨비니언스스토어 n. 편의점

□ **cash register** [kæʃ rédʒəstəːr]
캐시레저스터 n. 금전등록기

□ **salesclerk** [séilzklə̀ːrk]
쎄일즈클럭 n. 점원

□ **customer** [kʌ́stəmər]
커스터머 n. 손님

□ **shopping cart** [ʃápiŋ kɑːrt]
샤핑카트 n. 손수레

□ **brand** [brænd]
브랜드 n. 상표

□ **shopgirl** [ʃápgəːrl]
샵걸 n. 여점원 (=salesgirl)

⟨관련어⟩

□ **counter** [káuntər] 카운터 n. 계산대, 판매대

□ **bar-code** [bá:rkòud] 바코우드 n. 바코드, 막대부호

□ **catalog** [kǽtəlɔ̀:g] 캐털로그 n. 카탈로그, 목록

□ **warranty** [wɔ́(:)rənti] 워런티 n. (제품) 보증(서)

□ **gift shop** [gift ʃɑp] 기프트샵 n. 선물[토산물] 가게

□ **wrapping counter** [rǽpiŋ káuntər]
   래핑카운터 n. 포장코너

□ **food court** [fu:d kɔːrt] 푸드코트 n. 식당가

□ **lost and found (center)**
   [lɔ(:)st ænd faund] 로스트앤드파운드 n. 분실물 (센터)

□ **sporting goods (counter)**
   [spɔ́:rtiŋ gudz] 스포팅굳즈 n. 스포츠용품 코너

□ **operating hours** [ápərèitiŋ áuərz]
아퍼레이팅아우어즈 n. 영업시간

□ **clearance sale** [klíərəns seil] 클리어런스세일
n. 재고정리 세일, 떨이로 팖

□ **bad bargain** [bæd báːrgən] 뱁바건 n. 비싸게 산 물건

□ **good bargain** [gud báːrgən] 굳바건 n. 싸게 산 물건

□ **dead bargain** [ded báːrgən] 뎁바건 n. 아주 싸게 산 물건

□ **bargain day** [báːrgən dei] 바건데이 n. 할인 판매일

□ **down payment** [daun péimənt]
다운페이먼트 n. (할부금의)첫 지불액, 계약금

□ **compensation** [kàmpənséiʃən] 캄펀쎄이션 n. 배상, 변상

299

② 취미(Hobby)

☐ **travel** [trǽv-əl] 트래블 n. 여행

☐ **movie** [múːvi] 무비 n. 영화
☐ **collection** [kəlékʃən]
　컬렉션 n. 수집

　☐ **concert** [kánsə(ː)rt]
　　칸서트 n. 음악회
　☐ **dance** [dæns] 댄스 n. 춤, 댄스
　☐ **music** [mjúːzik] 뮤직 n. 음악

　☐ **reading** [ríːdiŋ]
　　리딩 n. 독서

　　☐ **craft** [kræft] 크래프트 n. 공예
　　☐ **cooking** [kúkiŋ] 쿠킹 n. 요리
　　☐ **play** [plei] 플레이 n. 연극

☐ **painting** [péintiŋ]
페인팅 n. 그림

☐ **cartoon** [kɑːrtúːn]
카툰 n. 풍자화, 만화

☐ **knitting** [nítiŋ] 니팅 n. 뜨개질
☐ **embroidery** [embrɔ́idəri]
엠브로이더리 n. 자수
☐ **sewing** [sóuiŋ] 쏘우잉
n. 재봉, 바느질

☐ **photography** [fətágrəfi]
퍼타그러피 n. 사진촬영

☐ **calligraphy** [kəlígrəfi]
컬리크러피 n. 서예

☐ **animation** [æ̀nəméiʃən]
애너메이션 n. 만화영화

☐ **mountain climbing**
[máunt-ən kláimiŋ]
마운턴클라이밍 n. 등산

☐ **hiking** [háikiŋ] 하이킹
n. 하이킹, 도보여행

☐ **fishing** [fíʃiŋ]
피싱 n. 낚시

301

〈관련어〉

☐ **model making** [mádl méikiŋ] 마들메이킹 n. 모형제작

☐ **model building** [mádl bíldiŋ] 마들빌딩 n. 모형조립

☐ **origami** [origami] 오리가미 n. 종이접기

☐ **astronomy (observation)**
[əstránəmi(àbzərvéiʃən] 어스트라너미(압저베이션) n. 천체관측

☐ **stamp collecting** [stæmp kəléktiŋ]
스탬프컬렉팅 n. 우표수집

☐ **coin collecting** [kɔin kəléktiŋ] 코인컬렉팅 n. 동전수집

☐ **collection** [kəlékʃən] 컬렉션 n. 수집

☐ **jigsaw puzzl** [dʒígsɔ̀:pʌzl] 쥑쏘퍼즐 n. 조각퍼즐

☐ **crossword (puzzle)** [krɔ́swə̀:rd]
크로스워드 n. 십자말풀이(퍼즐)

☐ **chess** [tʃes] 체스 n. 체스, 서양 장기

☐ **cards** [kɑːrdz] 카(드)즈 n. 카드놀이

☐ **bet** [bet] 베트 n. 내기

☐ **musical** [mjúːzik-əl] 뮤지컬 n. 음악(희)극

☐ **opera** [ápərə] 아퍼러 n. 오페라, 가극.

☐ **comic strip** [kámik strip] 카믹스트립 n. 연재만화

☐ **drive** [draiv] 드라이브 n. 드라이브

☐ **pottery** [pátəri] 파터리 n. 도자기 (공예)

☐ **sculpture** [skʌ́lptʃəːr] 스칼프처 n. 조각

☐ **mah-jong(g)** [máːdʒɔ́ːŋ] 마종 n. 마작

☐ **puppet show** [pʌ́pit ʃou] 퍼핏쇼우 n. 인형극

☐ **marionette** [mæ̀riənét] 매리어넷 n. 꼭두각시(인형)

☐ **bird watching** [bəːrd wɑtʃiŋ]
    버드와칭 n. 들새 관찰, 탐조(探鳥)

chapter 6

여행, 종교, 스포츠

① 여행(Travel)

☐ **sightseeing** [sáitsì:iŋ] 싸이트씨잉 n. 관광

☐ **night town** [náit tàun]
나이트타운 n. 거리의 야경

☐ **day trip** [dei trip]
데이트립 n. 당일치기 여행

☐ **foreign travel** [fɔ́(:)rin trǽv-əl] 포린트래벌 n. 해외여행

☐ **domestic travel** [douméstik trǽv-əl]
도우메스틱트래벌 n. 국내여행

☐ **excursion** [ikskə́:rʒən] 익스커젼 n. 수행여행

☐ **package tour** [pǽkidʒ tuə:r]
패키지투어 n. 패키지 여행(단체여행)

☐ **honeymoon** [hʌnímù:n]
허니문 n. 신혼여행

☐ **travel agency**
[trǽv-əl éidʒənsi]
트래벌에이젼시 n. 여행사

☐ **tourist** [tú-ərist]
투어리스트 n. 관광객

☐ **itinerary**
[aitínərəri] 아이티너러리
n. 여정, 여행일정계획

☐ **cruise** [kru:z] 크루즈
n. 선박여행

□ **carsickness** [káːrsìknis]
카씨크니스 n. 차멀미

□ **seasickness** [síːsìknis]
씨씨크니스 n. 배멀미

□ **memorial** [mimɔ́ːriəl]
미모리얼 n. 기념비

□ **folk village** [fouk vílidʒ]
포우크빌리지 n. 민속촌

□ **outlook** [áutlùk]
아우트룩 n. 전망, 경치

□ **hot spring** [hɑt spriŋ] 핫스프링 n. 온천

□ **scenery** [sí:nəri] 씨너리 n. 풍경
□ **ruins** [rú:inz] 루인즈 n. 옛터, 유적

□ **souvenir** [sù:vəníə:r] 쑤버니어 n. 기념품
□ **indigenous product** [indídʒənəs prádəkt]
인디져너스프라덕트 n. 토산품

307

〈관련어〉

☐ **night tour** [nait tuə:r] 나이트투어 n. 야간여행

☐ **night train** [nait trein] 나이트트레인 n. 야간열차

☐ **motor trip** [móutə:r trip] 모우터트립 n. 자동차여행

☐ **tour of inspection** [tuə:r əv inspékʃən]
투어업인스펙션 n. 시찰여행

☐ **wedding tour** [wédiŋ tuə:r] 웨딩투어 n. 신혼여행

☐ **weekend trip** [wí:kènd trip] 위켄드트립 n. 주말여행

☐ **round trip** [raund trip] 라운드트립 n. 왕복(일주)여행

☐ **observatory** [əbzə́:rvətɔ̀:ri] 업저버토리 n. 전망대

☐ **junket** [dʒʌ́ŋkit] 정키트 n. 관비여행

☐ **work of art** [wə:rk əv ɑːrt] 워크업아트 n. 예술작품

☐ **historic site** [histɔ́(:)rik sait]
히스토릭싸이트 n. 사적, 유적(지)

☐ **must-see** [mʌ́stsíː] 머스트씨 n. 꼭 보아야 할 것

☐ **backpacking** [bǽkpæ̀kiŋ] 백패킹 n. 배낭여행

☐ **backpack** [bǽkpæ̀k] 백팩 n. 등짐(배낭)

☐ **map** [mæp] 맵 n. 지도

☐ **traveler** [trǽvləːr] 트래블러 n. 여행자

☐ **tourist party** [túːərist páːrti] 투어리스트파티 n. 관광단

☐ **tourist city** [túːərist síti] 투어리스트씨티 n. 관광도시

☐ **tourist industry** [túːərist índəstri]
  투어리스트인더스트리 n. 관광산업

☐ **tourist attractions** [túːərist ətrǽkʃənz]
  투어리스트어트랙션즈 n. 관광지

☐ **voyage** [vɔ́idʒ] 보이쥐 n. 항해

☐ **journey** [dʒə́ːrni] 져니 n.(육상)여행

309

② 종교(Religion)

□ **ritual** [rítʃu-əl]
리츄얼 n.(종교적)의식

□ **belief** [bilíːf] 빌리프
n. 신앙

□ **convert** [kánvəːrt]
칸버트 n. 개종자, 귀의자

□ **Christianity** [krìstʃiǽnəti]
크리스챼너티 n. 기독교

□ **Catholicism** [kəθáləsìzəm]
커쌀러시점 n. 가톨릭교

□ **Christian** [krístʃən] 크리스쳔 n. 기독교도

□ **preach** [priːtʃ]
프리치 n. 설교

□ **worship** [wə́ːrʃip]
워십 n. 예배

□ **Catholic** [kǽθəlik]
캐썰릭 n. 가톨릭교도

□ **Hindu** [híndu:] 힌두 n. 힌두교도
□ **Hinduism** [híndu:ìzəm]
　한두이점 n. 힌두교

□ **Muslim** [mʌ́zləm] 머즐럼 n. 이슬람교도
□ **Islam** [íslɑ:m] 이슬람
　　n. 이슬람교, 회교

□ **Confucianism** [kənfjú:ʃənizm]
　킨퓨셔니즘 n. 유교
□ **Confucian** [kənfjú:ʃən]
　킨퓨션 n. 유생

☐ **temple** [témp-əl] 템펄 n. 신전, 절

☐ **Buddhism** [búːdizəm] 부디점 n. 불교
☐ **Buddhist** [búːdist] 부디스트 n. 불교도

☐ **shamanism** [ʃáːmənìz-əm]
샤머니점 n. 샤머니즘(원시종교)

☐ **shaman** [ʃáːmən] 샤먼 n. 무당

☐ **shamanist** [ʃáːmənist]
샤머니스트 n. 샤머니즘의 신자

devil [dévl] 데블 n. 악마

□ **God** [gɑd] 가드
　 n. 유일신, 하느님

□ **god** [gɑd] 가드 n. (다신교)신

□ **Protestant** [prátəstənt]
　 프라터스턴트 n. 신교도

□ **baptism** [bǽptizəm]
　 뱁티점 n. 세례

□ **Bible** [báibəl]
　 바이벌 n. 성경

□ **service** [sə́:rvis] 써비스 n. 예배

□ **church** [tʃə́:rtʃ] 쳐치 n. 교회

□ **Mass** [mæs] 매스 n.(가톨릭) 미사

☐ **pope** [poup] 포우프 n. (로마)교황
☐ **cathedral** [kəθíːdrəl] 커씨드럴
  n. 대성당(주교좌 성당)
☐ **cross** [krɔːs] 크로스 n. 십자가

☐ **bishop** [bíʃəp] 비셥 n. 주교
☐ **cardinal** [káːrdənl]
  카더늘 n. 추기경

☐ **hymn** [him] 힘 n. 찬송가
☐ **heaven** [hévən] 헤번 n. 천국

☐ **hell** [hel] 헬 n. 지옥
☐ **funeral** [fjúːn-ərəl] 퓨너럴
  n. 장례식

☐ **priest** [priːst] 프리스트
  n. 성직자

□ **missionary** [míʃ-ənəri]
미셔너리 n. 선교사

□ **choir** [kwaiər]
콰이어 n. 성가대

□ **cremation** [kriméiʃən] 크리메이션 n. 화장

□ **tomb** [tuːm] 툼 n. 무덤
□ **burial** [bériəl] 베리얼
n. 매장

□ **fanatic** [fənǽtik] 퍼내틱 n. 광신자

□ **Easter** [íːstər]
이스터 n. 부활절

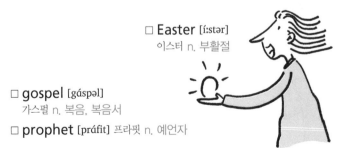

□ **gospel** [gáspəl]
가스펄 n. 복음, 복음서

□ **prophet** [práfit] 프라핏 n. 예언자

〈관련어〉

□ **Buddha** [búːdə] 부더 n. 석가, 부처

□ **Christ** [kraist] 크라이스트 n. 그리스도

□ **Mohammed** [mouhǽmed] 모우해메드 n. 모하메드

□ **karma** [káːrmə] 카머 n. 업보, 인과응보

□ **evil** [íːvəl] 이벌 n. 악

□ **ghost** [goust] 고우스트 n. 유령

□ **sin** [sin] 씬 n. (종교, 도덕상의)죄

□ **oríginal sin** [ərídʒənəl sin] 어리져널씬 n. (종교)원죄

□ **believe** [bilíːv] 빌리브 v. 믿다

☐ **believer** [bilíːvər] 빌리버 n. 신자

☐ **minister** [mínistər] 미니스터 n. 성직자, 목사

☐ **shrine** [ʃrain] 쉬라인 n. 사당

☐ **monk** [mʌŋk] 멍크 n. 수사, 스님

☐ **religionism** [rilídʒənìzm] 릴리져니즘 n. 광신, 사이비신앙

☐ **resurrection** [rèzərékʃ-ən] 레저렉션 n. 부활

☐ **angel** [éindʒəl] 에인젤 n. 천사

☐ **paradise** [pǽrədàis] 패러다이스 n. 천국, 낙원

☐ **earthly paradise** [ɔ́ːrəli pǽrədàis]
어쓸리패러다이스 n. 지상낙원

□ **worldly pleasures** [wə́:rldli plɛ́ʒərz]
월들리플레저즈 n. 세속적인 쾌락

□ **unenlightened beings** [ʌ̀ninláitnd bíːiŋs]
언인라이튼드비잉스 n. 중생, 미개한 존재

□ **absolute being** [ǽbsəlùːt bíːiŋ] 앱설루트비잉 n. 절대존재

□ **human beings** [hjúːmən bíːiŋs] 휴먼비잉스 n. 인간

□ **actual being** [ǽktʃuəl bíːiŋ] 액추얼비잉 n. 실재

□ **human sacrifice** [hjúːmən sǽkrəfàis]
휴먼쌔크러파이스 n. 인신공양

□ **human frailty** [hjúːmən fréilti] 휴먼프레일티
n. 인간의 약함

□ **oath** [ouθ] 오우쓰 n. 맹세

□ **pray** [prei] 프레이 v. 기도하다

□ **predict** [pridíkt] 프리딕트 v. 예언하다

□ **nun** [nʌn] 넌 n. 수녀

□ **prophecy** [práfisi] 프라피시 n. 예언

□ **bless** [bles] 블레스 v. 축복하다

③ 스포츠(Sports)

□ **soccer** [sákə:r]
싸커 n. 축구

□ **baseball** [béisbɔ̀:l]
베이스볼 n. 야구

□ **football** [fútbɔ̀:l]
풋볼 n. 미식축구

□ **badminton**
[bǽdmintən] 배드민턴
n. 배드민턴

□ **tennis** [ténis]
테니스 n. 테니스

□ **golf** [gɔ(:)lf]
골프 n. 골프

□ **hockey** [háki]
하키 n. 하키

□ **ping-pong**
[píŋpàŋ] 핑팡 n. 탁구

□ **basketball** [bǽskitbɔ̀:l]
배스킷볼 n. 농구

□ **volleyball** [válibɔ̀:l] 발리볼 n. 배구
□ **bowling** [bóuliŋ] 보울링 n. 볼링

□ **swimming**
[swímiŋ] 스위밍 n. 수영

□ **skydiving** [skaídàiviŋ]
스카이다이빙 n. 스카이 다이빙

□ **cycling**
[sáikliŋ] 싸이클링
n. 자전거 타기

□ **billiard** [bíljərd]
빌리어드 n. 당구

□ **marathon**
[mǽrəθὰn] 매러싼
n. 마라톤 경주

321

□ judo [dʒúːdou] 쥬도우 n. 유도
□ Rugby [rʌ́gbi] 럭비 n. 럭비

□ skating [skéitiŋ]
스케이팅 n. 스케이트

□ boxing [báksiŋ] 박싱 n. 권투

□ weight lifting
[weit líftiŋ] 웨이트리프팅 n. 역도

□ jogging [dʒágiŋ]
쟈깅 n. 조깅

□ **fencing** [fénsiŋ]
펜싱 n. 펜싱, 검술

□ **gymnastics**
[ʤimnǽstiks]
짐내스틱스 n. 체조

□ **shooting** [ʃúːtiŋ] 슈팅 n. 사격

□ **foul** [faul] 파울 n. 반칙
□ **penalty** [pénəlti]
페널티 n. 반칙의 벌
□ **rule** [ruːl] 룰 n. 규칙

〈관련어〉

□ **skiing** [skí:iŋ] 스키잉 n. 스키(타기)

□ **pool** [pu:l] 풀 n. (돈을 걸고하는)당구의 일종

□ **windsurfing** [wíndsə̀:rfiŋ] 윈드써핑 n. 윈드서핑

□ **riding** [ráidiŋ] 라이딩 n. 승마

□ **scuba diving** [skjú:bə dáiviŋ] 수큐버다이빙 n. 스쿠버 다이빙

□ **workout** [wə́:rkàut] 워카우트 n. 격한 운동

□ **rafting** [rǽftiŋ] 래프팅 n. 뗏목타기

□ **handball** [hǽndbɔ̀:l] 핸드볼 n. 핸드볼

□ **softball** [sɔ́:ftbɔ̀:l] 쏘프트볼 n. 소프트볼

□ **bat** [bæt] 배트 n. (야구, 탁구 따위의)배트

□ **glove** [glʌv] 글러브 n. (야구)글러브

☐ **mask** [mæsk] 매스크 n. 탈; 복면, 가면

☐ **racket** [rǽkit] 래킷 n. 라켓

☐ **dumbbell** [dʌ́mbèl] 덤벨 n. 아령

☐ **fishing rod** [fíʃiŋ rɑd] 피슁라드 n. (릴용) 낚싯대.

☐ **regulator** [régjəlèitə:r] 레결레이터 n. 조절기

☐ **flipper** [flípər] 플립퍼 n. 물갈퀴, 오리발

☐ **wet suit** [wet[su:t] 웻수트 n. 잠수복

☐ **live bait** [laiv beit] 라이브베이트 n. 산미끼

☐ **stretch** [stretʃ] 스트레취 n. 스트레칭

☐ **dive** [daiv] 다이브 n. 잠수

□ **tube** [tju:b] 튜브 n. (타이어)튜브

□ **goggle** [gágəl] 가걸 n. 잠수용보안경

□ **lifeguard** [láifgɑ̀:rd] 라이프가드 n. (수영장 따위의)구조원

□ **life jacket** [laif dʒǽkit] 라이프재킷 n. 구명 재킷(=life vest)

□ **rope skipping** [roup skipiŋ] 로우프스키핑 n. 줄넘기

□ **barbell** [bɑ́:rbèl] 바벨 n. 바벨(역도에 쓰는)

□ **chin-up** [tʃínʌ̀p] 췬업 n. 턱걸이

□ **sit-up** [sítʌ̀p] 쒰업 n. 윗몸 일으키기 운동

□ **push-up** [púʃʌ̀p] 푸쉬업 n. 엎드려 팔굽혀펴기

□ **aerobics** [ɛəróubiks] 에어로우빅스 n. 에어로빅

☐ **player** [pléiər] 플레이어 n. 선수

☐ **referee** [rèfərí:] 레퍼리 n. 심판

☐ **coach** [koutʃ] 코우취 n. 코치, 지도원

☐ **director** [diréktər] 디렉터 n. 감독

☐ **cheering** [tʃíəriŋ] 취어링 n. 응원

☐ **exercise** [éksərsàiz] 엑서사이즈 n. 운동

☐ **table tennis** [téib-əl ténis] 테이블테니스 n. 탁구

☐ **sportsmanship** [spɔ́:rtsmənʃíp] 스포츠먼쉽 n. 스포츠맨 정신

☐ **sporting terms** [spɔ́:rtiŋ tə:rmz] 스포팅 텀즈 n. 스포츠용어

☐ **extended game** [iksténdid geim]
익스텐디드게임 n. 연장전

chapter 7

극장과 공원(Theater&Park)

1 극장(Theater)

□ performance [pərfɔ́:rməns] 퍼포먼스 n. 공연

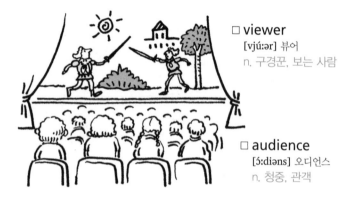

□ viewer
[vjú:ər] 뷰어
n. 구경꾼, 보는 사람

□ audience
[ɔ́:diəns] 오디언스
n. 청중, 관객

□ movie [múːvi] 무비 n. 영화

□ preview [príːvjùː] 프리뷰 n. 시사(회)

□ admission free [ædmíʃən friː] 애드미션프리 n. 무료입장

□ show [ʃou] 쇼우 n. 쇼, 흥행

□ ticket [tíkit] 티킷 n. 표, 입장권

□ admission fee [ædmíʃən fiː]
애드미션피 n. 입장료

□ **exit** [éksit] 엑씻 n. 출구

□ **applause** [əplɔ́:z]
어플로즈 n. 박수갈채

□ **movie fan** [mú:vi fæn]
무비팬 n. 영화팬

□ **movie theater**
[mú:vi θí(:)ətə:r]
무비씨어터 n. 극장

□ **billboard** [bílbɔ̀:rd]
빌보드 n. 광고(게시)판

□ **emergency stair** [imə́:rdʒənsi stɛə:r]
이머젼시스테어 n. 비상계단

□ **marquee** [mɑ:rkí:] 마키 n. (극장 출입구의)차양

□ **admittance** [ædmítəns] 애드미턴스 n. 입장

□ **entrance** [éntrəns] 엔트런스 n. 입구

□ **showing** [ʃóuiŋ] 쇼우잉 n. 상영, 상연　　□ **actress** [ǽktris]
　　　　　　　　　　　　　　　　　　　　　 액트리스 n. 여(배)우

□ **actor** [ǽktər]
　액터 n. 남(배)우

□ **seat** [siːt]
　씨트 n. 좌석

□ **blockbuster** [blάkbʌ̀stər] 블락버스터 n. 초대작, 대성공

□ **box office** [baks ɔ́(ː)fis]
　박스오피스 n. 매표소, 대인기

□ **encore** [άŋkɔːr] 앙코
　n. 재청, 앙코르

□ **trailer** [tréiləːr] 트레일러
　n. 예고편

□ **sequel** [síːkwəl] 씨퀄 n. 후편, 속편

□ **short subject** [ʃɔːrt sʌ́bdʒikt] 쇼트써브직트 n. 단편영화

□ **horror film**
[hɔ́ːrər film]
호러필름 n. 공포영화

□ **screen** [skriːn]
스크린
—— n. 스크린, 화면

□ **subtitle** [sʌ́btàitl] 써브타이틀 n. (화면의)설명자막, 대사자막

□ **SF(science fiction)** [sáiəns fíkʃən]
싸이언스픽션 n. 공상과학물

□ **feature**
[fíːtʃər] 피쳐 n. 장편

□ **film** [film] 필름
n. 필름

□ **action film**
[ǽkʃən film] 액션필름
n. 활극, 액션영화

□ **silent film** [sáilənt film] 싸일런트필름 n. 무성영화

□ **reserved seat** [rizə́:rvd si:t] 리저브드씨트 n. 예약석

□ **production** [prədʌ́kʃən] 프러덕션 n. 제작, 연출

□ **producer** [prədjú:sər] 프러듀서 n. 제작자

□ **film distribution** [film dìstrəbjú:ʃən]
필름디스트러뷰션 n. 영화배급

□ **tragedy** [trǽdʒədi]
트래져디 n. 비극

□ **comedy** [kámədi]
카머디 n. 희극

□ award [əwɔ́ːrd] 어워드 n. 상, 수상

□ location [loukéiʃən] 로우케이션
n. 야외촬영(지)

□ projector [prədʒéktər]
프러젝터 n. 영사기, 영사기사

□ director [diréktər]
디렉터 n. 감독

□ casting [kǽstiŋ] 캐스팅 n. 배역

□ stand-in [stǽndìn] 스탠딘 n. (배우의)대역

333

〈관련어〉

□ **acting** [ǽktiŋ] 액팅 n. 연기

□ **good acting** [gud ǽktiŋ] 굳액팅 n. 훌륭한 연기

□ **lines** [lainz] 라인즈 n. 대사

□ **scenario** [sináːriou] 시나리오우 n. 영화각본

□ **stand** [stænd] 스탠드 n. 관람석

□ **role** [roul] 로울 n. 배역

□ **leading role** [líːdiŋ roul] 리딩로울 n. 주역

□ **thriller** [θrilər] 쓰릴러 n. 스릴러물

□ **travelogue** [trǽvəlɔ́ːg] 트래벌로그 n. 여행담, 관광영화

□ **adult film** [ədʌ́lt film] 어덜트필름 n. 성인영화

□ **disaster movie** [dizǽstər múːvi]
디재스터무비 n. 패닉(재난)영화

□ **movie camera** [múːvi kǽmərə] 무비캐머러 n. 영화카메라

□ **moviedom** [múːvidəm] 무비덤 n. 영화계(=filmdom)

☐ **moviegoer** [múːvigòuəːr] 무비고우어 n. 영화팬

☐ **moviegoing** [múːvigòuiŋ] 무비고우잉 n. 영화구경

☐ **movieland** [múːvilǽnd] 무비랜드 n. 영화제작지

☐ **filming** [fílmiŋ] 필르밍 n.(영화의) 촬영

☐ **filmlet** [fílmlit] 필름릿 n. 단편영화, 소형영화

☐ **film-maker** [fílmmèikər] 필름메이커
　　n. 영화 제작자(=moviemaker)

☐ **filmography** [filmágrəfi] 필마그러피 n. 영화 관계 문헌

☐ **fílm premiere** [film primíər]
　필름프리미어 n. (신작 영화의) 특별 개봉

☐ **filmscript** [fílmskrìpt] 필름스크립트
　　n. 영화 각본, 시나리오(=screenplay)

☐ **fílm recorder** [film rikɔ́ːrdəːr] 필름리코더 n. 영화용 녹음기

☐ **fílm rating** [film réitiŋ] 필름레이팅
　　n. (영화) 관객 연령제한(표시)

☐ **fílm studio** [film stjúːdiòu] 필름스튜디오우 n. 영화촬영소

335

② 공원(Park)

☐ **national park** [næʃənəl pɑːrk]
내셔널파크 n. 국립공원

☐ **amusement park** [əmjúːzmənt pɑːrk]
어뮤즈먼트파크 n. 유원지, 놀이공원

☐ **roller coaster** [róulər kóustər]
로울러코우스터 n. 롤러코스터

☐ **merry-go-round** [mérigouràund]
메리고우라운드 n. 회전목마

☐ **clown** [klaun]
클라운 n. 어릿광대

□ **parade** [pəréid] 퍼레이드

n. (사람의 눈을 끌기 위한)행렬

□ **Ferris wheel**
[féris hwi:l] 페리스휠
n. (유원지의)대회전식 관람차

□ **cotton candy** [kátn kǽndi]
카튼캔디 n. 솜사탕

□ **snack bar** [snæk bɑːr] 스낵바 n. 간이식당

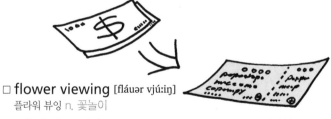

□ **flower viewing** [fláuər vjú:iŋ]
플라워 뷰잉 n. 꽃놀이

□ **admission ticket** [ædmíʃən tíkit] 애드미션티킷 n. 입장권

□ **pond** [pɑnd] 판드 n. 연못

□ **theme park** [θi:m pɑ:rk]
씸파크 n. 테마공원

□ **zoo** [zu:] 주 n. 동물원

□ **ride** [raid] 라이드
n. 놀이기구

□ **driving range** [dráiviŋ reindʒ] 드라이빙레인지 n. 골프연습장

□ **rifle range** [ráif-əl reindʒ] 라이펄레인지 n. 소총사격장

□ **botanical garden**
[bətǽnikəl gá:rdn]
버태니컬가든 n. 식물원

□ **playground** [pleígràund]
플레이그라운드 n. 놀이터

□ **slide** [slaid] 슬라이드
n. 미그럼틀

□ **hide and seek** [háidəndsí:k] 하이던드씨크 n. 술래잡기

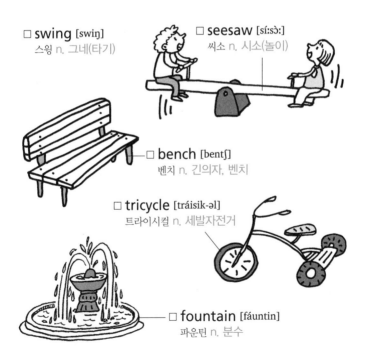

□ **swing** [swiŋ]
스윙 n. 그네(타기)

□ **seesaw** [síːsɔ̀ː]
씨소 n. 시소(놀이)

□ **bench** [bentʃ]
벤치 n. 긴의자, 벤치

□ **tricycle** [tráisik-əl]
트라이시클 n. 세발자전거

□ **fountain** [fáuntin]
파운틴 n. 분수

〈관련어〉

□ **attraction** [ətrǽkʃən] 어트랙션 n. 명소, 볼거리

□ **information desk** [ìnfərméiʃən desk]
인포메이션데스크 n. 접수계, 안내소

□ **amusement tax** [əmjúːzmənt tæks] 어뮤즈먼트택스 n. 유흥세

□ **picnicker** [píknikər] 피크니커 n. 소풍객

□ **national cemetery** [nǽʃənəl sémətèri]
내셔널쎄머테리 n. 국립묘지

□ **national forest** [nǽʃənnəl fɔ́(ː)rist] 내셔널포리스트 n. 국유림

□ **park district** [pɑːrk dístrikt] 파크디스트릭트 n. 공원구역

□ **baseball park** [béisbɔ̀ːl pɑːrk] 베이스볼파크 n. 야구장

□ **park cemetery** [pɑːrk sémətèri] 파크쎄머테리 n. 공원묘지

□ **folk village** [fouk vílidʒ] 포우크빌리쥐 n. 민속촌

☐ **waterscape** [wɔ́:tə:rskèip] 워터스케이프
　　n. 물가의 풍경

☐ **art gallery** [ɑ:rt gǽləri] 아트갤러리 n. 미술관, 화랑

☐ **statue** [stǽtʃu:] 스태츄 n. 상, 조(각)상

☐ **museum** [mju:zí:əm] 뮤지엄 n. 박물관

☐ **ancient place** [éinʃənt pleis] 에인션트플레이스 n. 고궁

☐ **aquarium** [əkwéəriəm] 어퀘어리엄 n. 수족관

☐ **exhibition** [èksəbíʃən] 엑서비션 n. 전시회

☐ **traditional tea shop** [trədíʃən-əl ti:ʃɑp]
　　트러디셔널티샵 n. 전통찻집

☐ **festival** [féstəvəl] 페스터벌 n. 축제

☐ **cable car** [kéibəl kɑ:r] 케이벌카 n. 케이블카

☐ **picnic** [píknik] 피크닉 n. 소풍

☐ **horse racing** [hɔ:rs réisiŋ] 호스레이싱 n. 경마

chapter 8

자연(Nature)

1 동물(Animal)

□ **pig** [pig] 피그 n. 돼지
□ **wild boar** [waild bɔːr]
와일드보 n. 멧돼지

□ **cow** [kau] 카우 n. 암소

□ **bull** [bul] 불
n. (거세하지 않은) 황소
□ **ox** [ɑks] 악스 n. (거세한)수소

□ **horse** [hɔːrs]
호스 n. 말

□ **donkey** [dáŋki]
당키 n. 당나귀

□ **zebra** [zíːbrə]
지브러 n. 얼룩말

□ **dog** [dɔ(ː)g] 도그 n. 개

□ cat [kæt] 캣 n. 고양이

□ mouse [maus]
마우스 n. 생쥐
□ rat [ræt] 랫 n. 시궁쥐

□ kangaroo [kæ̀ŋgərúː]
캥거루 n. 캥거루

□ rabbit [rǽbit]
래빗 n. 토끼
□ squirrel [skwə́ːr-əl]
스쿼럴 n. 다람쥐

□ goat [gout] 고우트 n. 염소
□ sheep [ʃiːp] 십 n. 양

□ lion [láiən] 라이언 n. 사자
□ tiger [táigəːr] 타이거
n. 호랑이

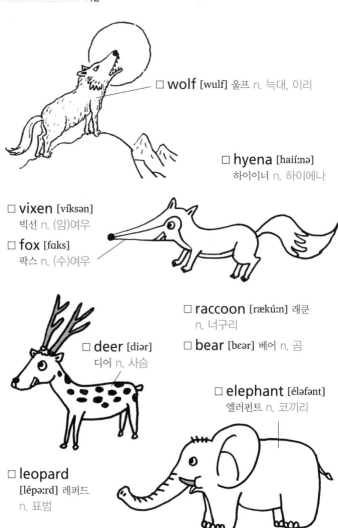

☐ **wolf** [wulf] 울프 n. 늑대, 이리

☐ **hyena** [haiíːnə]
하이이너 n. 하이에나

☐ **vixen** [víksən]
빅선 n. (암)여우
☐ **fox** [fɑks]
팍스 n. (수)여우

☐ **raccoon** [rækúːn] 래쿤
n. 너구리

☐ **bear** [bɛər] 베어 n. 곰

☐ **deer** [diər]
디어 n. 사슴

☐ **elephant** [éləfənt]
엘러펀트 n. 코끼리

☐ **leopard**
[lépəːrd] 레퍼드
n. 표범

□ panda [pǽndə]
팬더 n. 판다

□ chimpanzee [tʃìmpænzíː]
침팬지 n. 침팬지

□ monkey [mʌ́ŋki]
멍키 n. 원숭이

□ gorilla [gərílə]
거릴러 n. 고릴라

□ camel [kǽməl] 캐멀 n. 낙타

□ koala [kouάːlə] 코우알러 n. 코알라

□ skunk [skʌŋk] 스컹크 n. 스컹크

□ giraffe [ʤərǽf]
져래프 n. 기린

345

□ **alligator** [ǽligèitər] 앨리게이터 n. (미국산)악어

□ **crocodile** [krákədàil] 크라커다일
   n. (아시아,아프리카산)악어

□ **frog** [frɔːg] 프로그 n. 개구리

□ **dinosaur** [dáinəsɔ̀ːr]
   다이너소 n. 공룡

□ **hippo** [hípou]
   히포우 n. 하마

□ **rhinoceros**
   [rainás-ərəs] 라이나서러스
   n. 코뿔소, 무소

□ **snake** [sneik]
   스네이크 n. 뱀

□ **lizard** [lízərd] 리저드
   n. 도마뱀

□ **cobra** [kóubrə]
   코우브러 n. 코브라

□ **tadpole** [tǽdpòul]
태드포울 n. 올챙이

□ **tortoise** [tɔ́:rtəs]
토터스 n. 거북
□ **turtle** [tə́:rtl] 터틀
n. 바다거북

□ **whale** [hweil] 훼일 n. 고래
□ **dolphin** [dálfin] 달핀 n. 돌고래

□ **tiger cat** [táigə:r kæt]
타이거캣 n. 살쾡이

□ **seal** [si:l] 씰 n. 바다표범
□ **fur seal** [fə:r si:l] 퍼실 n. 물개
□ **otter** [átər] 아터 n. 수달

□ **bat** [bæt] 뱃 n. 박쥐

347

〈관련어〉

□ **pet** [pet] 펫 n. 애완동물

□ **lamb** [læm] 램 n. 어린양

□ **hog** [hɔːg] 호그 n. (다자란 식용)돼지

□ **swine** [swain] 스와인 n. 돼지(가축)

□ **stag** [stæg] 스태그 n. 수사슴

□ **hind** [haind] 하인드 n. 암사슴

□ **anteater** [ǽntìːtər] 앤티터 n. 개미핥기

□ **black bear** [blæk bɛər] 블랙베어 n. 흑곰

□ **polar bear** [póulər bɛər] 포울러베어 n. 북극곰

□ **whelp** [hwelp] 휄프 n. (사자, 범등의)새끼

□ **cub** [kʌb] 커브 n. (곰, 이리 따위의) 새끼

□ **bitch** [bitʃ] 비취 n. 암캐

□ **hound** [haund] 하운드 n. 사냥개

□ **cur** [kəːr] 커 n. 들개

□ **puppy** [pʌ́pi] 퍼피 n. 강아지

□ **hamster** [hǽmstər] 햄스터 n. 햄스터

□ **hump** [hʌmp] 험프 n. 낙타의 혹

□ **mane** [mein] 메인 n. (사자등의)갈기

□ **stripe** [straip] 스트라이프 n. (얼룩말)줄무늬

□ **whisker** [hwískəːr] 휘스커 n. (고양이등의)수염

□ **tusk** [tʌsk] 터스크 n. (코끼리)엄니

□ **claw** [klɔː] 클로 n. (고양이, 매등의)발톱

□ **horn** [hɔːrn] 혼 n. 뿔

□ **tail** [teil] 테일 n. (동물의)꼬리

□ **hoof** [huːf] 후프 n. 발굽

② 식물(Plant)

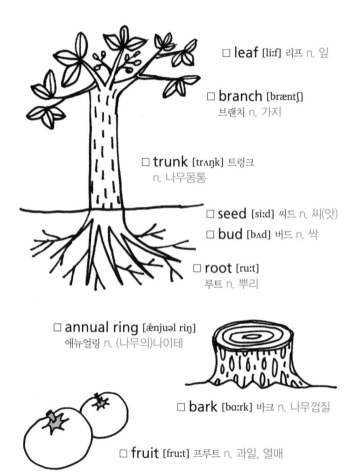

□ leaf [li:f] 리프 n. 잎

□ branch [bræntʃ]
브랜치 n. 가지

□ trunk [trʌŋk] 트렁크
n. 나무몸통

□ seed [si:d] 씨드 n. 씨(앗)
□ bud [bʌd] 버드 n. 싹

□ root [ru:t]
루트 n. 뿌리

□ annual ring [ǽnjuəl riŋ]
애뉴얼링 n. (나무의)나이테

□ bark [bɑ:rk] 바크 n. 나무껍질

□ fruit [fru:t] 프루트 n. 과일, 열매

☐ **pine** [pain] 파인 n. 소나무

☐ **maple** [méip-əl] 메이펄
    n. 단풍나무

☐ **oak** [ouk] 오우크 n. 떡갈나무

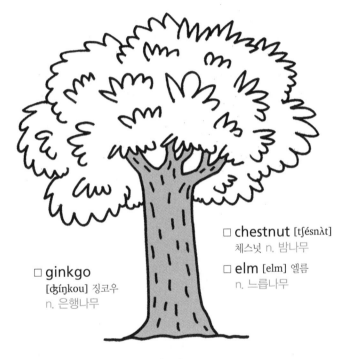

☐ **chestnut** [tʃésnʌt]
    체스넛 n. 밤나무

☐ **ginkgo**
    [ʤíŋkou] 징코우
    n. 은행나무

☐ **elm** [elm] 엘름
    n. 느릅나무

☐ **willow** [wílou] 윌로우 n. 버드나무 ·

☐ **cherry tree** [tʃéri tri:] 체리트리 n. 벚나무

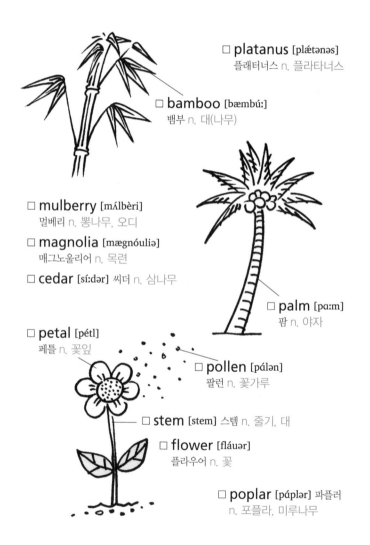

□ **platanus** [plǽtənəs]
플래터너스 n. 플라타너스

□ **bamboo** [bæmbú:]
뱀부 n. 대(나무)

□ **mulberry** [mʎlbèri]
멀베리 n. 뽕나무, 오디

□ **magnolia** [mægnóuliə]
매그노울리어 n. 목련

□ **cedar** [síːdər] 씨더 n. 삼나무

□ **palm** [pɑːm]
팜 n. 야자

□ **petal** [pétl]
페틀 n. 꽃잎

□ **pollen** [pálən]
팔런 n. 꽃가루

□ **stem** [stem] 스템 n. 줄기, 대

□ **flower** [fláuər]
플라우어 n. 꽃

□ **poplar** [páplər] 파플러
n. 포플라, 미루나무

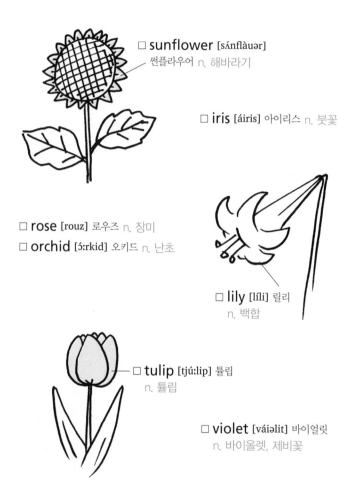

□ **sunflower** [sʌ́nflàuər]
썬플라우어 n. 해바라기

□ **iris** [áiris] 아이리스 n. 붓꽃

□ **rose** [rouz] 로우즈 n. 장미
□ **orchid** [ɔ́:rkid] 오키드 n. 난초

□ **lily** [líli] 릴리
n. 백합

□ **tulip** [tjú:lip] 튤립
n. 튤립

□ **violet** [váiəlit] 바이얼릿
n. 바이올렛, 제비꽃

□ **ivy** [áivi] 아이비 n. 담쟁이덩굴

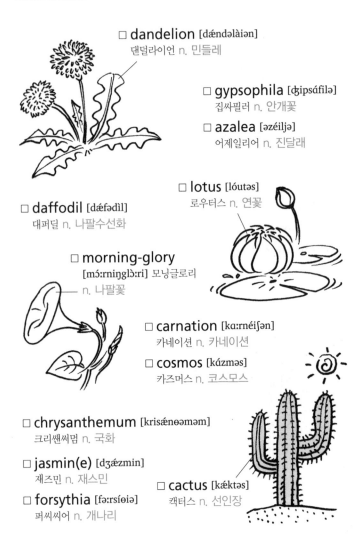

□ **dandelion** [dǽndəlàiən]
댄덜라이언 n. 민들레

□ **gypsophila** [ʤipsáfilə]
집싸필러 n. 안개꽃

□ **azalea** [əzéiljə]
어제일리어 n. 진달래

□ **lotus** [lóutəs]
로우터스 n. 연꽃

□ **daffodil** [dǽfədìl]
대퍼딜 n. 나팔수선화

□ **morning-glory**
[mɔ́:rniŋglɔ̀:ri] 모닝글로리
n. 나팔꽃

□ **carnation** [kɑːrnéiʃən]
카네이션 n. 카네이션

□ **cosmos** [kázməs]
카즈머스 n. 코스모스

□ **chrysanthemum** [krisǽnθəməm]
크리쌘써멈 n. 국화

□ **jasmin(e)** [dʒǽzmin]
재즈민 n. 재스민

□ **cactus** [kǽktəs]
캑터스 n. 선인장

□ **forsythia** [fəːrsíθiə]
퍼씨씨어 n. 개나리

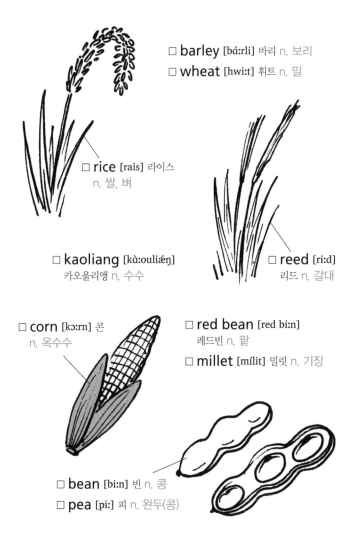

□ **barley** [báːrli] 바리 n. 보리

□ **wheat** [hwiːt] 휘트 n. 밀

□ **rice** [rais] 라이스
　　n. 쌀, 벼

□ **kaoliang** [kàːouliǽŋ]
　　카오울리앵 n. 수수

□ **reed** [riːd]
　　리드 n. 갈대

□ **corn** [kɔːrn] 콘
　　n. 옥수수

□ **red bean** [red biːn]
　　레드빈 n. 팥

□ **millet** [mílit] 밀릿 n. 기장

□ **bean** [biːn] 빈 n. 콩

□ **pea** [piː] 피 n. 완두(콩)

〈관련어〉

□ **peony** [píːəni] 피어니 n. 모란, 작약(芍藥)

□ **apricot** [éiprəkàt] 에이프러캇 n. 살구(나무)

□ **rubber plant** [rʌ́bəːr plænt] 러버플랜트
  n. 고무나무, (특히) 인도고무나무

□ **cotton plant** [kátn plænt] 카튼플랜트 n. 목화나무

□ **bush** [buʃ] 부쉬 n. 관목(=shrub), 수풀, 덤불

□ **seeding** [síːdiŋ] 씨딩 n. 파종

□ **fallen leaves** [fɔ́ːlən liːvz] 폴런리브즈 n. 낙엽

□ **weed** [wiːd] 위드 n. 잡초

□ **soothing weed** [súːðiŋ wiːd] 수딩위드 n. 담배

□ **flowerage** [fláuəridʒ] 플라우어리쥐 n. 꽃장식

□ **flower arrangement** [fláuər əréindʒmənt]
　플라우어어레인쥐먼트 n. 꽃꽂이

□ **flower show** [fláuər ʃou] 플라우어쇼우 n. 화초 품평회

□ **bracken** [bræk-ən] 브래컨 n. 고사리

□ **osmund** [ázmənd] 아즈먼드 n. 고비

□ **moss** [mɔ(:)s] 모스 n. 이끼

□ **floweret** [fláuərit] 플라우어릿 n. 작은 꽃(=floret)

□ **flowerpot** [fláuərpàt] 플라우어팟 n. 화분

□ **flower bed** [fláuər bed] 플라우어벳 n. 꽃밭, 화단

③ 새(Bird)

□ **owl** [aul] 아울 n. 올빼미

□ **horned owl**
[hɔ:rnd aul]
혼드아울 n. 부엉이

□ **penguin** [péŋgwin]
펭귄 n. 펭귄

□ **peacock** [pí:kàk]
피칵 n. 공작

□ **parrot** [pǽrət]
패럿 n. 앵무새

□ **eagle** [í:gəl] 이걸 n. 독수리

□ **hawk** [hɔ:k] 호크 n. 매

□ **swan** [swɑn]
스완 n. 백조

□ **pelican** [pélikən]
펠리컨 n. 펠리컨

□ **parakeet** [pǽrəkì:t]
패러키트 n. (작은)잉꼬

□ **pigeon** [pídʒən]
피전 n. 비둘기

□ **crow** [krou]
크로우 n. 까마귀

□ **magpie** [mǽgpài]
매그파이 n. 까치

□ **hen** [hen] 헨 n. 암탉
□ **cock** [kɑk] 칵 n. 수탉

□ **duck** [dʌk] 덕 n. 오리

□ **goose** [guːs] 구스 n. 거위

359

☐ **wild goose** [waild gu:s]
와일드구스 n. 기러기

☐ **quail** [kweil] 퀘일 n. 메추라기
☐ **woodpecker** [wúdpèkə:r]
우드페커 n. 딱따구리

☐ **swallow** [swálou]
스왈로우 n. 제비

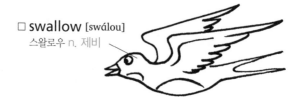

☐ **sparrow**
[spǽrou] 스패로우
n. 참새

☐ **pheasant** [fézənt]
페전트 n. 꿩
☐ **skylark** [skáilà:rk]
스카이라크 n. 종달새

☐ **crane** [krein] 크레인
n. 두루미, 학

☐ **gull** [gʌl] 걸 n. 갈매기

□ **migratory bird** [máigrətɔ̀ːri bəːrd]
마이그러토리버드 n. 철새

□ **ostrich** [ástritʃ]
아스트리치 n. 타조

□ **resident bird**
[rézid-ənt bəːrd]
레지던트버드 n. 텃새

□ **oriole** [ɔ́ːriòul]
오리오울 n. 꾀꼬리

□ **wren** [ren] 렌
n. 굴뚝새

〈관련어〉

□ feather [féðər] 페더 n. 깃털

□ featherbone [féðər bòun] 페더보운 n. 깃뼈

□ feather boa [féðərbóuə] 페더보우어 n. 깃털목도리

□ feather bed [féðər bed] 페더벳 n. 깃털침대

□ beak [bi:k] 비크 n. 육식조(鳥)의 부리

□ bill [bil] 빌 n. 부리(특히 가늘고 납작한)

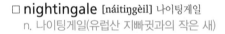

□ nightingale [náitiŋgèil] 나이팅게일
  n. 나이팅게일(유럽산 지빠귓과의 작은 새)

□ fowl [faul] 파울 n. 닭, 가금

□ cage [keidʒ] 케이쥐 n. 새장(=birdcage)

□ nest [nest] 네스트 n. 보금자리, 둥우리

□ wing [wiŋ] 윙 n. (새 · 곤충 등의) 날개

□ **hatch** [hætʃ] 해취 v. (알 · 병아리를) 까다, 부화하다

□ **phoenix** [fí:niks] 피닉스 n. 불사조

□ **bírd call** [bə́:rd kɔːl] 버드콜 n. 새 울음소리

□ **birder** [bə́:rdər] 버더 n. 들새 사육자(관찰자)

□ **bírd fancier** [bə́:rd fǽnsiər] 버드팬시어
   n. 애조가(愛鳥家); 새장수

□ **birdie** [bə́:rdi] 버디 n. (아동어) 새, 작은 새(애칭)

□ **birding** [bə́:rdiŋ] 버딩 n. 새잡기[쏘기]

□ **birdman** [bə́:rdmæ̀n] 버드맨
   n. 조류 연구가; 박제사; 새 잡는 사람

□ **bírd sanctuary** [bə́:rd sǽŋktʃuəri]
   버드쌩크춰리 n. 조류 보호구(保護區)

□ **birdseed** [bə́:rdsìːd] 버드씨드 n. 새 모이

□ **bírd watching** [bə́:rd wɑtʃiŋ] 버드와칭
   n. 들새 관찰, 탐조(探鳥)

④ 곤충(Insect)

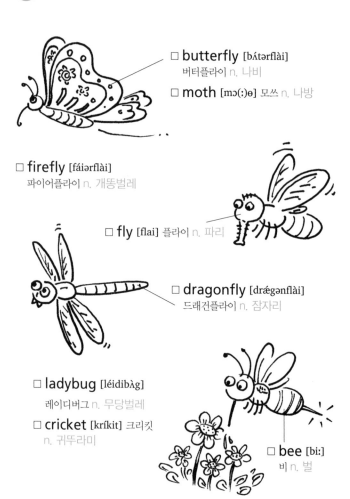

□ **butterfly** [bʌ́tərflài]
버터플라이 n. 나비

□ **moth** [mɔ(:)θ] 모쓰 n. 나방

□ **firefly** [fáiərflài]
파이어플라이 n. 개똥벌레

□ **fly** [flai] 플라이 n. 파리

□ **dragonfly** [drǽgənflài]
드래건플라이 n. 잠자리

□ **ladybug** [léidibʌ̀g]
레이디버그 n. 무당벌레

□ **cricket** [kríkit] 크리킷
n. 귀뚜라미

□ **bee** [bi:]
비 n. 벌

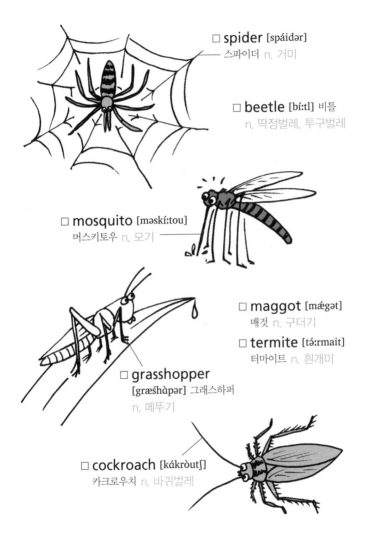

□ **spider** [spáidər]
— 스파이더 n. 거미

□ **beetle** [bíːtl] 비틀
n. 딱정벌레, 투구벌레

□ **mosquito** [məskíːtou]
머스키토우 n. 모기

□ **maggot** [mǽgət]
매것 n. 구더기

□ **termite** [tə́ːrmait]
터마이트 n. 흰개미

□ **grasshopper**
[grǽshɑ̀pər] 그래스하퍼
n. 메뚜기

□ **cockroach** [kákròutʃ]
카크로우치 n. 바퀴벌레

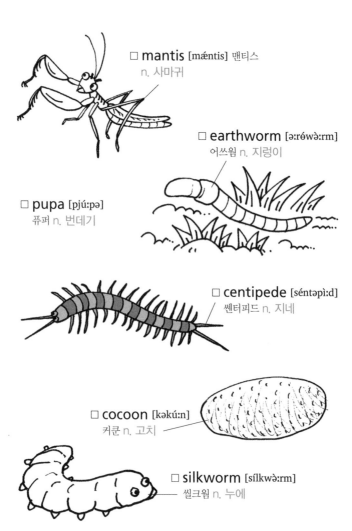

□ **mantis** [mǽntis] 맨티스
n. 사마귀

□ **earthworm** [ə́:rə́wə̀:rm]
어쓰웜 n. 지렁이

□ **pupa** [pjú:pə]
퓨퍼 n. 번데기

□ **centipede** [séntəpì:d]
쎈터피드 n. 지네

□ **cocoon** [kəkú:n]
커쿤 n. 고치

□ **silkworm** [sílkwə̀:rm]
씰크웜 n. 누에

□ **snail** [sneil] 스네일
n. 달팽이

□ **caterpillar** [kǽtərpìlər] 캐터필러 n. 유충, 모충
□ **bedbug** [bédbʌ̀g] 베드버그 n. 빈대

□ **scorpion** [skɔ́:rpiən]
스코피언 n. 전갈

□ **flea** [fli:] 플리 n. 벼룩

□ **ant** [ænt] 앤트 n. 개미

367

〈관련어〉

☐ **wasp** [wɑsp] 와슾 n. 장수말벌, 나나니벌

☐ **slug** [slʌg] 슬러그 n. 민달팽이, 괄태충

☐ **cobweb** [kábwèb] 캅웨브 n. 거미집(줄)(=web)

☐ **insectarium** [ìnsektéəriəm]
인섹테어리엄 n. 곤충 번식장, 곤충관(昆蟲館)

☐ **insecticide** [inséktəsàid] 인쎅터사이드 n. 살충(제)

☐ **pest** [pest] 페스트 n. 해충

☐ **insectifuge** [inséktəfjùːdʒ] 인쎅터퓨쥐 n. 구충제

☐ **insectivore** [inséktəvɔ̀ːr] 인쎅터보 n. 식충(食蟲) 동물

☐ **insectology** [ìnsektálədʒi] 인쎅탈러쥐
n. 곤충학(entomology)

□ **entomologist** [èntəmálədʒist]
엔터말러쥐스트 n. 곤충학자

□ **insect collecting** [ínsekt kəléktiŋ] 인쎅트컬렉팅 n. 곤충채집

□ **insect species** [ínsekt spíːʃiz] 인쎅트스피쉬즈 n. 곤충류

□ **meat fly** [miːt flai] 미트플라이 n. 쉬파리(=flesh fly)

□ **larva** [láːrvə] 라버 n. 애벌레, 유충

□ **antenna** [ænténə] 앤테너 n. 촉각, 더듬이

□ **head** [hed] 헤드 n. 머리, 두부

□ **thorax** [θɔ́ːræks] 쏘랙스 n. 가슴, 흉부

□ **abdomen** [ǽbdəmən] 앱더먼 n. 배, 복부

□ **sting** [stiŋ] 스팅 n. 침(독침)

5 계절(Season)과 날씨(Weather)

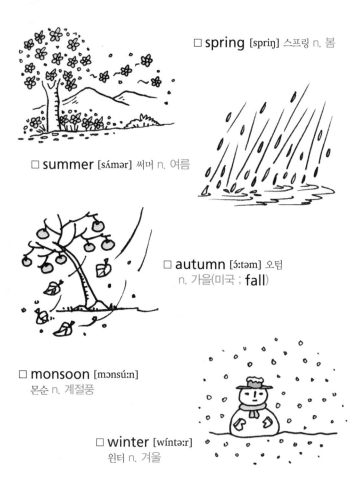

□ **spring** [spriŋ] 스프링 n. 봄

□ **summer** [sʌ́mər] 써머 n. 여름

□ **autumn** [ɔ́:təm] 오텀
　　n. 가을(미국 ; **fall**)

□ **monsoon** [mɔnsúːn]
　몬순 n. 계절풍

□ **winter** [wíntəːr]
　　윈터 n. 겨울

□ **climate** [kláimit] 클라이밋 n. 기후
□ **temperature** [témp-ərətʃuə:r] 템퍼러춰 n. 온도, 기온

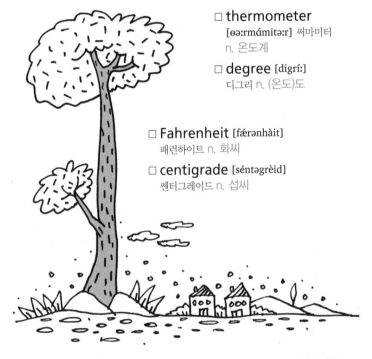

□ **thermometer**
[θəːrmɑ́mitəːr] 써마미터
n. 온도계

□ **degree** [digríː]
디그리 n. (온도)도

□ **Fahrenheit** [fǽrənhàit]
패런하이트 n. 화씨

□ **centigrade** [séntəgrèid]
쎈터그레이드 n. 섭씨

□ **weather forecast** [wéðəːr fɔ́ːrkæ̀st] 웨더포캐스트 n. 일기예보
□ **warning** [wɔ́ːrniŋ] 워닝 n. 경고, 예고

□ **alert** [ələ́ːrt] 얼러트 n. 경계, 경보
□ **wind speed** [wind spiːd] 윈드스피드 n. 풍속

□ **cold front** [kould frʌnt]
코울드프런트 n. 한랭전선
□ **warm front** [wɔːrm frʌnt]
웜프런트 n. 온난전선

□ **cloud** [klaud] 클라우드 n. 구름

□ **disaster** [dizǽstər] 디재스터
n. 천재, 재해

□ **high-pressure** [haipréʃər] 하이프레셔 n. 고기압
□ **low-pressure** [lóupréʃər] 로우프레셔 n. 저기압

☐ **fog** [fɔ(:)g] 포그 n. 안개

☐ **hazy** [héizi] 헤이지
a. 흐릿한, 안개낀

☐ **gloomy** [glú:mi]
글루미 a. 음침한

☐ **wind** [wind] 윈드 n. 바람

☐ **gust** [gʌst] 거스트 n. 돌풍

☐ **gale** [geil] 게일 n. 강풍

☐ **rain** [rein] 레인 n. 비

☐ **fickle** [fíkəl] 피컬
a. 변덕스러운

☐ **snow** [snou] 스노우 n. 눈

373

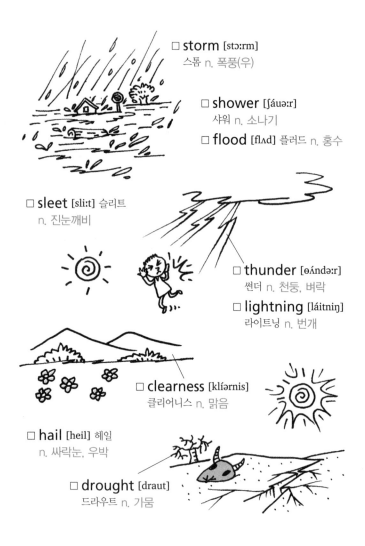

□ **storm** [stɔːrm]
스톰 n. 폭풍(우)

□ **shower** [ʃáuəːr]
샤워 n. 소나기

□ **flood** [flʌd] 플러드 n. 홍수

□ **sleet** [sliːt] 슬리트
n. 진눈깨비

□ **thunder** [θʌ́ndəːr]
썬더 n. 천둥, 벼락

□ **lightning** [láitniŋ]
라이트닝 n. 번개

□ **clearness** [klíərnis]
클리어니스 n. 맑음

□ **hail** [heil] 헤일
n. 싸락눈, 우박

□ **drought** [draut]
드라우트 n. 가뭄

□ **mild** [maild] 마일드
a. 따뜻한, 화창한

□ **balmy** [bá:mi] 바미 a. 온화한

□ **muggy** [mʌ́gi] 머기
a. 무더운, 후덥지근한

□ **scorching** [skɔ́:rtʃiŋ]
스코칭 a. 매우 뜨거운

□ **chilly** [tʃíli] 칠리 a. 차가운, 쌀쌀한

□ **humid**
[hjú:mid] 휴미드
a. 습기있는, 눅눅한

□ **earthquake** [ə́:rəkwèik]
어쓰퀘이크 n. 지진

375

□ **typhoon** [taifúːn]
타이푼 n. 태풍

□ **hurricane** [hə́ːrəkèin]
허러케인 n. 폭풍, 허리케인

□ **tornado** [tɔːrnéidou] 토네이도우
n. 토네이도, 회오리폭풍

□ **frost** [frɔːst] 프로스트 n. 서리

□ **heat** [hiːt]
히트 n. 더위

□ **downpour** [daunpɔ̀ːr]
다운포 n. 호우, 폭우

□ **freeze** [fri:z] 프리즈 n. 결빙(기)

□ **snowstorm** [snoústɔ̀ːrm]
스노우스톰 n. 눈보라

□ **blizzard** [blízərd] 블리저드
n. 강한 눈보라

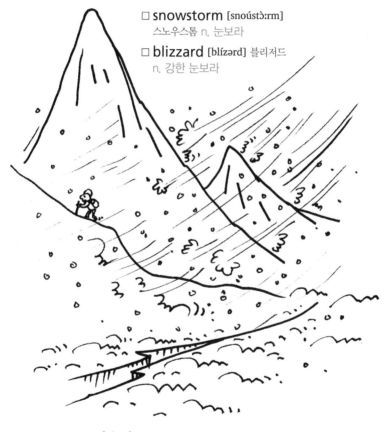

□ **drizzle** [drízl] 드리즐 n. 이슬비, 가랑비

〈관련어〉

□ **ice** [ais] 아이스 n. 얼음

□ **icicle** [áisikəl] 아이시클 n. 고드름

□ **sunny** [sʌ́ni] 써니 a. 양지바른, 햇볕이 잘 드는

□ **mist** [mist] 미스트 n. (엷은) 안개, 연무

□ **dew** [dju:] 듀 n. 이슬

□ **landslide** [lǽndslàid] 랜드슬라이드 n. 사태, 산사태

□ **avalanche** [ǽvəlæ̀ntʃ] 애벌랜취 n. 눈사태

□ **volcano** [vɑlkéinou] 발케이노우 n. 화산

□ **tidal wave** [táidl weiv] 타이들웨이브 n. 해일

□ **cold wave** [kould weiv] 코울드웨이브 n. 한파

□ **wavelet** [wéivlit] 웨이블릿 n. 작은파도, 잔물결

□ **damp** [dæmp] 댐프 n. 습기

□ **overcast** [óuvərkǽst] 오우버캐스트 a. 흐린

□ **meteorological observatory**
[mìːtiərəládʒikəl əbzáːrvətɔ̀ːri]
미티어러라쥐컬업저버토리 n. 기상대

□ **polar zone** [póulər zoun] 포울러조운 n. 한대

□ **subpolar zone** [sʌbpóulrəːzoun] 썹포울러조운 n. 냉대

□ **temperate zone** [témp-ərit zoun] 템퍼릿조운 a. 온대

□ **tropical climates** [trápik-əl kláimits]
트라피컬클라이미츠 n. 열대성 기후

- □ **subtropical climates** [sʌ̀btrápikəl kláimits]
  썹트라피컬클라이미츠 n. 아열대성 기후

- □ **squall** [skwɔ́:l] 스퀄 n. 스콜, (때로 눈, 비를 동반하는)돌풍

- □ **continental climate** [kɑ̀ntənéntl kláimit]
  컨터넨틀클라이미트 n. 대륙성기후

- □ **inundation** [ínəndèiʃən] 이넌데이션 n. 범람, 침수

- □ **catastrophe** [kətǽstrəfi] 커태스트러피
  n. 대이변, 큰재해

- □ **calamity** [kəlǽməti] 컬래머티 n. 재난, 재해

PART 4.

밤

(Night)

chapter 1

음식점(Restaurant)

□ **reservation** [rèzəːrvéiʃ-ən] 레저베이션 n. 예약
□ **recommend** [rèkəménd] 레커멘드 vt. (요리를)추천하다

□ **diner** [dáinər] 다이너 n. 간이식당
□ **fast-food restaurant**
　[fǽstfúːd rést-ərɔ̀ːŋ] 패스트푸드레스토롱
　n. 간이식품 레스토랑

□ **deluxe restaurant**
　[dəlúks rést-ərɔ̀ːŋ] 더룩스레스터롱
　n. 호화 음식점

□ **sidewalk cafe** [sáidwɔ̀ːk kæféi]
　싸이드워크캐페이 n. 노상다방(간단한 식사가능)

□ **coffee shop** [káfi ʃɑp] 카피샵 n. 다방, 다실

□ **cafeteria**
[kæfitíəriə] 캐피티어리어
n. 셀프서비스 식당

□ **waitress** [wéitris]
웨이트리스 n. 웨이트리스, 여급

□ **waiter** [wéitə:r]
웨이터 n. 사환, 웨이터

□ **menu** [ménju:] 메뉴 n. 메뉴, 식단

□ **order** [ɔ́:rdər] 오더 n. 주문

□ **side order** [said ɔ́:rdər] 싸이드오더 n. 추가주문

□ **tavern** [tǽvəːrn] 태번 n. 선술집

□ **pub** [pʌb] 퍼브 n. 목로주점, 대폿집

□ **bar** [bɑːr] 바 n. 바, 술집

□ **gravy** [gréivi]
그레이비 n. 고기국물

□ **appetizer**
[ǽpitàizər]
애피타이저 n. 전채

□ **soup** [suːp] 수프 n. 스프

□ **salad** [sǽləd] 쌜러드
n. 샐러드, 생채요리

□ **pasta** [pɑ́ːstə] 파스터
n. 파스타(이탈리아 요리)

□ **beefsteak**
 [bíːfstèik] 비프스테이크
 n. 비프스테이크

□ **rare** [rɛəːr] 레어 a. 덜 구워진

□ **medium** [míːdiəm] 미디엄 a. 중간정도로 구워진

□ **well-done** [wéldʌn] 웰던 a. 잘 익은

□ **horseradish sauce** [hɔːrsrǽdiʃ sɔːs]
 호스래디시소스 n. 양고추냉이 소스

□ **nutrition** [njuːtríʃ-ən]
 뉴트리션 n. 영양, 자양물

□ **vegetarian** [vèdʒətéəriən]
 베져테어리언 n. 채식(주의)자

□ **taste** [teist] 테이스트 n. 맛, 미각
□ **delicious** [dilíʃəs] 딜리셔스 a. 맛있는

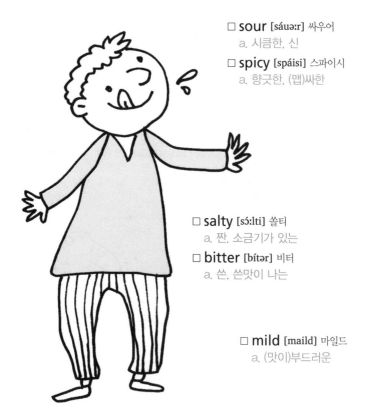

□ **sour** [sáuə:r] 싸우어
a. 시큼한, 신
□ **spicy** [spáisi] 스파이시
a. 향긋한, (맵)싸한

□ **salty** [sɔ́:lti] 쏠티
a. 짠, 소금기가 있는
□ **bitter** [bítər] 비터
a. 쓴, 쓴맛이 나는

□ **mild** [maild] 마일드
a. (맛이)부드러운

□ **curry and rice** [kə́:ri ənd rais]
커리언드라이스 n. 카레라이스

□ **main course** [mein kɔ:rs]
메인코스 n. 주요요리

□ **pay** [pei] 페이 n. 지불
□ **bill** [bil] 빌 n. 계산서

□ **seconds**
[sék-əndz] 쎄컨즈
n. 두 번째의 음식

□ **tip** [tip] 팁
n. 팁, 사례

□ **refill** [rí:fil] 리필
n. (음식물의)두그릇째

□ **dessert** [dizə́:rt]
디저트 n. 후식, 디저트

〈관련어〉

□ **gastronomy** [gæstránəmi] 개스트라너미
　n. 미식학 요리법

□ **cook** [kuk] 쿡 n. 요리사

□ **head cook** [hed kuk] 헤드쿡 n. 주방장

□ **chef** [ʃef] 쉐프 n. 주방장; 요리사, 쿡(=cook)

□ **recipe** [résəpì:] 레서피 n. 조리법

□ **big eater** [big í:tər] 빅이터 n. 대식가

□ **menu** [ménju:] 메뉴 n. 식단

□ **light meal** [lait mi:l] 라이트밀 n. 가벼운 식사

□ **square meal** [skwɛə:r mi:l] 스퀘어밀
  n. 충분한 식사

□ **three times meal** [θri:taimz mi:l]
  쓰리타임즈밀 n. 하루 세끼 식사

□ **fishmeat dish** [fiʃmi:tdiʃ] 피쉬미트디쉬 n. 생선요리

□ **meat dish** [mi:t diʃ] 미트디쉬 n. 고기요리

□ **dinner** [dínər] 디너 n. 정찬, 저녁식사

□ **early dinner** [ə́:rli dínər] 얼리디너 n. 오찬

□ **late dinner** [leit dínər] 레이트디너 n. 만찬

□ **one-course dinner** [wʌn kɔ:rs dínər]
  원코스디너 n. 일품요리

□ **dish** [diʃ] 디쉬 n. 접시, 요리

□ **cold dish** [kould diʃ] 코울드디쉬 n. 차게 한 요리

□ **nice dish** [nais diʃ] 나이스디쉬 n. 맛있는 요리

□ **one's favorite dish** [wʌnz féivərit diʃ]
원즈페이버릿디쉬 n. 좋아하는 요리

□ **dish of meat** [diʃ əv miːt] 디쉬업미트
n. 고기요리 한 접시

□ **standing dish** [stǽndiŋ diʃ] 스탠딩디쉬
n. 늘 같은 요리

□ **side dishes** [said diʃz] 싸이드디쉬즈 n. 반찬

□ **porridge** [pɔ́:ridʒ] 포리쥐 n. 죽

□ **portion** [pɔ́:rʃən] 포션 n. 일인분

□ **claret** [klǽrit] 클래리트
　n. (프랑스 Bordeaux산) 붉은 포도주

□ **sherry** [ʃéri] 쉐리 n. 셰리 (스페인산(産) 백포도주)

□ **bartender** [bɑ́:rtèndər]
바텐더 n. 술집 지배인, 바텐더

□ **toast**
[toust] 토우스트
n. 축배, 건배

□ **sober**
[sóubə:r] 쏘우버
a. 술취하지 않은

□ **dizzy** [dízi] 디지
a. 현기증나는, 핑핑도는

□ **shot glass**
[ʃɑt glǽs] 샷글래스
n. (양주용의)작은 잔

□ **liquor** [líkər]
리커 n. 독한 증류주

□ **brandy** [brǽndi]
브랜디 n. 브랜디

□ **tipsy** [típsi] 팁시
a. 술취한, 비틀거리는

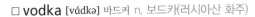

□ **rum** [rʌm] 럼 n. 럼주

□ **vodka** [vádkə] 바드커 n. 보드카(러시아산 화주)

□ **wine** [wain] 와인 n. 포도주

□ **red wine** [red wain]
레드와인 n. 적포도주

□ **white wine** [hwait wain]
화이트와인 n. 백포도주

□ **beer** [biər] 비어 n. 맥주

□ **draft beer** [dræft biər]
드래프트비어 n. 생맥주

□ **pitcher** [pítʃər] 피쳐 n. 물주전자

□ **decanter** [dikǽntər] 디캔터 n. 식탁용의 마개있는 유리병

□ **regular customer** [régjələːr kʌ́stəmər]
레귤러커스터머 n. 단골손님

□ **smorgasbord** [smɔ́ːrgəsbɔ̀ːrd]
스모거스보드 n. (스칸디나비아식의)전채

□ **soda** [sóudə] 쏘우더 n. 소다수

□ **cocktail** [káktèil] 칵테일 n. 칵테일

□ **party** [páːrti]
파티 n. 일행

□ **pretzel** [prétsəl] 프렛셜 n. 일종의 비스킷, 맥주 안주
□ **toothpick** [túːθpìk] 투쓰픽 n. 이쑤시개

□ **drinker** [dríŋkər] 드링커 n. 술꾼
□ **hangover** [hǽŋòuvər] 행오우버 n. 숙취

□ **gín and tonic**
[ʤín ənd tánik]
진언드타닉 n. 진토닉
□ **champagne**
[ʃæmpéin] 샘페인
n. 샴페인

〈관련어〉

☐ **porter** [pɔ́:rtər] 포터 n. 흑맥주

☐ **intoxicating drinks** [intáksikèitiŋ driŋks]
인탁시케이팅드링크스 n. 주류(일반적으로 술)

☐ **liquor store** [líkər stɔːr] 리커스토 n. 주류 판매점

☐ **liquor traffic** [líkər trǽfik] 리커트래픽 n. 주류 판매

☐ **spirituous liquor(s)** [spíritʃuəs líkər(z)]
스피리추어스리커 n. 증류주

☐ **vinous liquor** [váinəs líkər] 바이너스리커 n. 포도주

☐ **soft drínk** [sɔ(:)ft driŋk] 쏘프트드링크 n. 청량 음료

☐ **strong drink** [strɔ(:)ŋ driŋk]
스트롱드링크 n. 주류, 증류주(독한 술)

☐ **strong drínker** [strɔ(:)ŋ driŋkər] 스트롱드링커 n. 술고래

☐ **winebibber** [wáinbìbəːr] 와인비버 n. 대주객, 모주꾼

☐ **winebottle** [wáinbàtl] 와인바틀 n. 포도주 병

□ **wineglass** [wáiŋglɑ̀:s] 와인글라스 n. 포도주 잔

□ **drinkingcup** [dríŋkiŋkʌp] 드링킹컵 n. 술잔

□ **winehouse** [wáinhàus] 와인하우스
  n. 포도주 전문의 레스토랑[술집]

□ **sound wine** [saund wain] 싸운드와인 n. 질이 좋은 포도주

□ **drinking water** [dríŋkiŋ wɔ́:tər] 드링킹워터 n. 음료수

□ **drinking party** [dríŋkiŋ pá:rti] 드링킹파티 n. 연회

□ **drinking companion** [dríŋkiŋ kəmpǽnjən]
  드링킹컴패니언 n. 술친구

□ **drinking bout** [dríŋkiŋ baut] 드링킹바우트
  n. 주연, 술잔치; 술마시기 내기

□ **distillation** [dìstəléiʃən] 디스털레이션 n. 증류

□ **temperance drinks** [témp-ərəns driŋks]
  템퍼런스드링크스 n. 알코올성분이 없는 음료

□ **temperance pledge** [témp-ərəns pledʒ]
  템퍼런스플레쥐 n. 금주의 맹세

chapter 3

호텔(Hotel)

☐ **luxurious hotel** [lʌgʒúəriəs houtél]
　럭주어리어스호우텔 n. 호화호텔

☐ **temperance hotel** [témp-ərəns houtél]
　템퍼런스호우텔 n. (술을 내지않는)금주호텔

☐ **motel** [moutél] 모우텔 n. 모텔 (자동차 여행자숙박소)

☐ **inn** [in] 인 n. 여인숙, 구식여관

☐ **front hall** [frʌnt hɔːl]
　프런트홀 n. 프런트 (홀)

☐ **lobby** [lábi] 라비 n. 로비

☐ **luggage** [lʌ́gidʒ] 러기지
　n. 수화물, 소형여행가방

☐ **receptionist** [risépʃənist] 리쎕셔니스트 n. 접수계원

☐ **cashier** [kæʃíər] 캐시어 n. 출납원

☐ **bellboy** [bélbɔ̀i] 벨보이 n. 사환

☐ **wake-up call** [wéikʌp kɔ:l] 웨이컵콜 n. 모닝콜

☐ **sauna** [sáunə] 싸우너 n. 사우나(증기탕)

☐ **corridor** [kɔ́:ridər] 코리더 n. 복도

☐ **cloakroom** [klóukrù(:)m] 클로우크룸 n. 휴대품 보관소

☐ **single room** [síŋg-əl rum] 씽걸룸 n. 1인실

☐ **twin room** [twin rum] 트윈룸
n. 2인실(**twin bed**가 있는 방)

☐ **checkin** [tʃékìn]
체킨 n. 숙박 절차

☐ **double room** [dʌ́bəl rum]
더블룸 n. **double bed**가 있는 방

☐ **checkout** [tʃékàut]
체카우트 n. 퇴숙 절차

☐ **suite room** [swi:t rum] 스위트룸
n. 붙은방(호텔의 침실외에 거실, 응접실이 붙어있는방)

☐ **vacancy** [véikənsi] 베이컨시 n. 빈빙

☐ **chambermaid** [tʃéimbərmèid] 체임버메이드 n. 객실 담당 메이드

399

〈관련어〉

□ **hotelkeeper** [houtélkì:pər]
호우텔키퍼 n.호텔 경영자[지배인]

□ **hotelier** [houtéljər] 호우텔리어 n. =HOTELKEEPER

□ **hotel-keeping** [houtél-kì:piŋ] 호우텔키핑 n. 호텔 경영(업)

□ **pageboy** [péidʒbòi] 페이쥐보이 n. 보이, 급사

□ **country inn** [kántri in] 컨트리인 n. 시골의 여인숙

□ **run a hotel** [rʌn ə houtél] 런어호우텔 v. 호텔을 경영하다

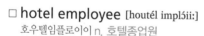

□ **hotel resident** [houtél rézid-ənt]
호우텔레지던트 n. 호텔에서 생활하는 사람

□ **stay at a hotel** [stei æt ə houtél]
스테이앳어호우텔 v. 숙박하다

□ **hotel employee** [houtél implɔ́ii:]
호우텔임플로이이 n. 호텔종업원

□ **hotel clerk** [houtél klɑːrk] 호우텔클라크 n. 호텔 사무원

□ **room clerk** [ruːm klɑːrk] 룸클라크 n. (호텔) 객실담당자

□ **youth hostel** [juːə hástəl] 유쓰하스털
   n. 유스호스텔(주로 청소년 여행자들을 위한 숙박 시설)

□ **youth hosteler** [juːə hástələr] 유쓰하스털러
   n. 유스호스텔 숙박자

□ **bed-and-breakfast** [bédənbrékfəst]
   베던브렉퍼스트 n. 아침밥을 제공하는 숙박시설

□ **resort** [rizɔ́ːrt] 리조트 n. 휴양지, 리조트

□ **room service** [ruːm sə́ːrvis] 룸써비스
   n. 룸 서비스 (호텔 등에서) 객실에 식사 따위를 운반하는 일

□ **service charge** [sə́ːrvis tʃɑ́ːrdʒ] 써비스차쥐
   n. (호텔 따위의) 서비스료

□ **front desk** [frʌnt desk] 프런트데스크
   n. (호텔 등의) 접수대, 프런트

□ **tip** [tip] n. 팁, 사례금

□ **reservation** [rèzəːrvéiʃ-ne] 레저베이션 n. 예약

□ **apartment hotel** [əpáːrtmənt houtél]
   어파트먼트호우텔 n. 아파트식 호텔

chapter **4** 집(House)

□ **rooftop** [rú:ftàp] 루프탑 n. 지붕(옥상)

□ **attic** [ǽtik] 애틱
  n. 고미다락(방)

□ **front door** [frʌnt dɔːr]
  프런트도 n. 정면 현관입구

□ **window** [wíndou]
  윈도우 n. 창(문)

□ **lawn** [lɔːn]
  론 n. 잔디(밭)

□ **fence** [fens]
  펜스 n. 울타리

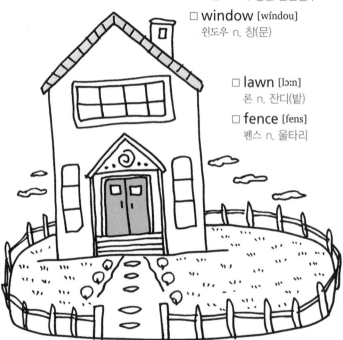

□ **yard** [jɑːrd] 야드 n. 안마당

□ **garden** [gáːrdn] 가든 n. 뜰, 정원

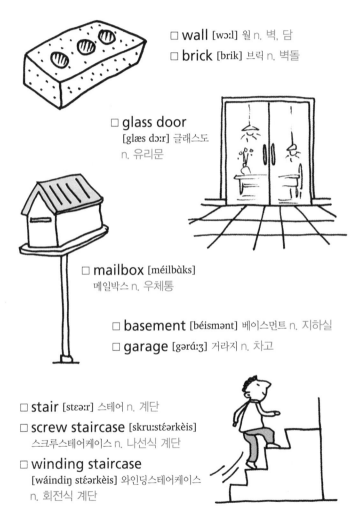

□ **wall** [wɔːl] 월 n. 벽, 담

□ **brick** [brik] 브릭 n. 벽돌

□ **glass door**
[glæs dɔːr] 글래스도
n. 유리문

□ **mailbox** [méilbàks]
메일박스 n. 우체통

□ **basement** [béismənt] 베이스먼트 n. 지하실

□ **garage** [gərɑ́ːʒ] 거라지 n. 차고

□ **stair** [stɛər] 스테어 n. 계단

□ **screw staircase** [skruːstéərkèis]
스크루스테어케이스 n. 나선식 계단

□ **winding staircase**
[wáindiŋ stéərkèis] 와인딩스테어케이스
n. 회전식 계단

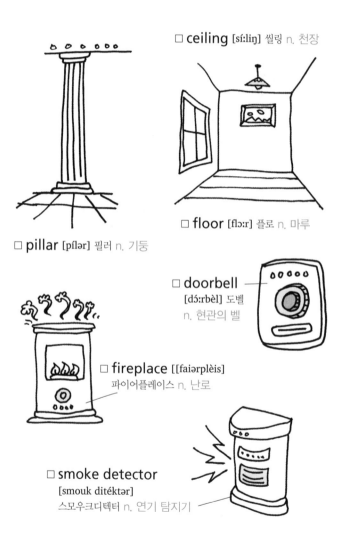

□ **ceiling** [síːliŋ] 씰링 n. 천장

□ **floor** [flɔːr] 플로 n. 마루

□ **pillar** [pílər] 필러 n. 기둥

□ **doorbell** [dɔ́ːrbèl] 도벨 n. 현관의 벨

□ **fireplace** [[faiərplèis] 파이어플레이스 n. 난로

□ **smoke detector** [smouk ditéktər] 스모우크디텍터 n. 연기 탐지기

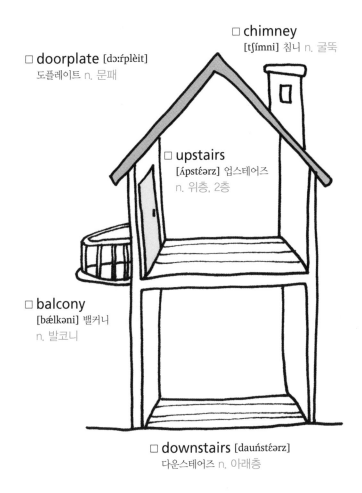

□ **chimney**
[tʃímni] 침니 n. 굴뚝

□ **doorplate** [dɔ́ːrplèit]
도플레이트 n. 문패

□ **upstairs**
[ʌ́pstéərz] 업스테어즈
n. 위층, 2층

□ **balcony**
[bǽlkəni] 밸커니
n. 발코니

□ **downstairs** [daúnstéərz]
다운스테어즈 n. 아래층

405

〈관련어〉

□ **gate** [geit] 게이트 n. 문(출입구)

□ **porch** [pɔːrtʃ] 포치 n. 현관

□ **warehouse** [wɛ́əːrhàus] 웨어하우스 n. 창고

□ **residence** [rézid-əns] 레지던스 n. 거주(지)

□ **condominium** [kàndəmíniəm] 칸더미니엄 n. 분양아파트

□ **apartment complex** [əpáːrtmənt kámpleks]
어파트먼트캄플렉스 n. 아파트 대단지

□ **housing complex** [háuziŋ kámpleks]
하우징캄플렉스 n. 주택단지

□ **apartment house** [əpáːrtmənt hàus] 어파트먼트하우스
n. 공동주택(tenement house 보다 훨씬 고급)

□ **tenement house** [ténəmənt hàus]
테너먼트하우스 n. (도시 하층민의) 아파트, 공동주택

□ **houseboy** [hàuśbɔ̀i] 하우스보이
　n.(집 · 호텔 등의) 잡일꾼(houseman)

□ **housebreaker** [hàuśbrèikər] 하우스브레이커
　n. 가택 침입자, 강도

□ **houseclean** [hauśklì:n] 하우스클린 n. 대청소

□ **house duty** [haus djú:ti] 하우스듀티 n. (건물)재산세

□ **house famine** [haus fǽmin] 하우스패민 n. 주택난

□ **household** [hausʹhòuld] 하우스호울드 n. 가족, 세대; 한 집안

□ **house hunting** [hausʹhλntiŋ] 하우스헌팅
　n. 셋집 구하기, 주택 물색

□ **rent** [rent] 렌트 n. 집세

□ **deposit** [dipázit] 디파짓 n. 보증금, 계약금

□ **lease** [li:s] 리스 n. 임대차 계약

☐ **tenant** [ténənt] 테넌트
  n. 세입자

☐ **owner** [óunər] 오우너 n. 소유(권)자

☐ **real estate** [ríəl istéit] 리얼이스테이트 n. 부동산

☐ **personal estate** [pə́:rsənəl istéit] 퍼서널이스테이트 n. 동산

☐ **detached place** [ditǽtʃt pleis] 디태취트플레이스 n. 별궁

☐ **detached house** [ditǽtʃt hàus] 디태취트하우스
  n. 단독주택, 독립가옥

☐ **mansion** [mǽnʃ-ən] 맨션 n. 대저택

☐ **studio(apartment)** [stjú:diòu] 스튜디오우
  n. 일실형(一室型) 주거

☐ **row house** [róu hàus] 로우하우스
  n. 집합 주택의 하나(연립주택)

☐ **wooden house** [wúdn hàus] 우든하우스 n. 목조가옥